Stephan Hachtmann

Berührt vom Klang der Liebe

Stephan Hachtmann

Berührt vom Klang der Liebe

Wege zum Herzensgebet

KREUZ

Gewidmet meinen Kindern
Rebecca, Maximilian und Lexia

MIX
Papier aus verantwortungsvollen Quellen
FSC® C106847
FSC www.fsc.org

www.kreuz-verlag.de

Umschlaggestaltung: agentur Idee
Umschlagmotiv: © Corbis
Autorenfoto: privat
Abbildungen: © St. H8mann

Satz: de·te·pe, Aalen
Herstellung: fgb · freiburger graphische betriebe
www.fgb.de

Printed in Germany

ISBN 978-3-451-61096-7

Inhalt

DIE FRUCHT DER VERWANDLUNG
IST DER IM JETZT
WIRKENDE MENSCH
DER DURCHSTRÖMT
VON DER EINEN LIEBE
DIE NEUE ERDE ERSCHAFFT

Einführung – Das Heiligtum des Herzens

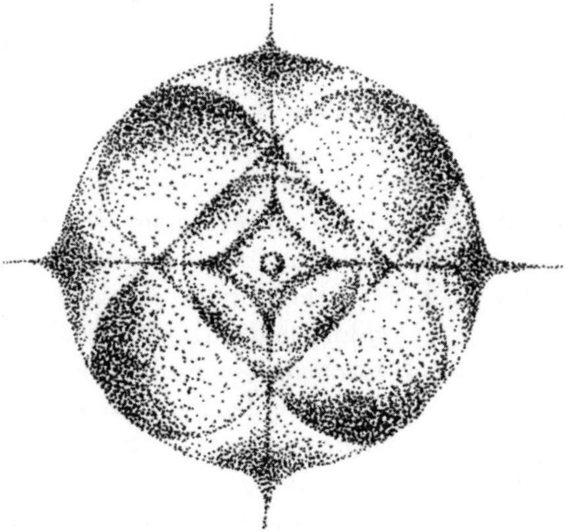

Bete stets für Gottes
innewohnende Herrlichkeit,
dass sie aus der Verbannung erlöst werde.
(Baal Shem Tov, um 1700–1760)

Vom Heilwerden. Einfach, wiederholend und um hingebungsvolle Treue bemüht, spreche ich seit vielen Jahren innerlich den immer gleichen Gebetssatz – JA, ICH BIN DEIN. Immer wieder und immer wieder. Nur diesen einen Satz. Nur diesen einen Klang. Zu Hause in meinem Alltag oder bei Kontemplationskursen in einem Kloster. Morgens während meiner festen Meditationszeit oder nach einem weggefahrenen Bus an der Haltestelle. Immer wieder. Diese wenigen Worte sind mir inzwischen vertraute Heimat geworden und wirken wie eine zuverlässige Landkarte auf dem Weg in das Heiligtum meines Herzens. Dieser Gebetsklang ist der in meinem Bewusstsein am häufigsten formulierte Satz der vergangenen fünfzehn Jahre. Er ist die liebgewonnene Grundlage und Mitte meiner Lebensgestaltung.

Rückblende: Als ich Anfang dreißig war, befand ich mich in einer für mich sehr entscheidenden Lebenskrise. Ich erlebte mich in einem Zustand scheinbar unauflösbarer innerer Verzweiflung und Ausweglosigkeit. Die Konsequenzen meines vorrangig um mich selbst kreisenden Denkens und Handelns wurden mit den Jahren immer deutlicher und zeigten ihre Spuren in einer düster-depressiven, mich selbst und andere zerstörenden Gesamtverfassung. Exzessiver Alkoholmissbrauch, Raubbau an meinem Körper, innere und äußere Enge, ein zerbrechliches Selbstbewusstsein und eine durch meine Opferhaltung sich manifestierende Täterrolle behinderten und beschränkten zunehmend mein inneres und äußeres Leben.

In dieser Zeit hatte ich einen sehr markanten Traum. Ich war an einen Stuhl gefesselt und aus allen nur erdenklichen Körperöffnungen wurden mir mit bürstenartigen Metallfedern und Spiralen jahrelang angesammelter Morast und Dreck herausgezogen. Die Reinigungsinstrumente durchdrangen meinen ganzen Körper, und ich fühlte mich von innen her sehr gründlich gereinigt und durchwirkt. Da ich mich zuvor jahrelang an keine Träume erinnern konnte, übte dieser Traum eine besondere Wirkung auf mich aus. Ich spürte die tiefe Bedeutung dieser Bilder für mein Leben und begab mich auf eine erste Spurensuche. Als Erstes sagte ich dem Alkoholmissbrauch den Kampf an. Ich brauchte einen klaren Kopf, um weitere Schritte in Richtung Heilung gehen zu können. Und ich hatte große Sehnsucht danach, heil zu werden.

Dieser Reinigungstraum setzte also den Prozess in Gang, bei dem ich dann – später – auch mit dem Herzensgebet in Kontakt kam: ein Heilungs-, Reinigungs- und Ganzwerdungsprozess, der bis auf den heutigen Tag anhält und mir auf immer tieferen Ebenen Klärung, Genesung und Integration ermöglicht. Der Traum markiert für mich den ersten Schritt auf dem Weg zu einer großen Lebenswende.

Ich erzähle das, um klarzumachen, dass mir diese Art der Religiosität nicht in die Wiege gelegt war. Zwar bin ich in einem evangelischen Pfarrhaus in der damaligen DDR groß geworden, lebte aber über zwanzig Jahre als Rockmusiker und Künstler in Berlin und zeitweise in London. Der Zugang zu einer bewusstseinstransformierenden Spiritualität, die in der mystischen Tradition wurzelt, war mir verborgen geblieben.

Was ist nun das Herzensgebet, um das es mir in diesem Buch geht? Zunächst ist das Herzensgebet ein mantrischer, kontemplativer Ganzwerdungsweg, der bis in die ersten Jahrhunderte des Christentums zurückreicht. Dieser Weg wurzelt im Erfahrungswissen der christlichen Weisheit und ist mit ihr auf das Engste verbunden. Es ist also ein alter Weg, der Kraft aus den Erfahrungen schöpft, die seit der apostolischen Zeit mit dieser Art zu beten gemacht wurden. Ein Weg, der zur Ganzwerdung und zur Verwirklichung Gottes im Herzen der Menschen einlädt. Gleichzeitig ist es ein Weg, der ganz in unserer Zeit Heimat gefunden hat und der für alle Menschen geeignet ist, die nach einem kraftvollen spirituellen Schulungsweg im Christentum suchen.

Welches Potenzial hat das Herzensgebet? In Kürze: Es lädt uns in die Mitte unseres Seins ein. Es hilft uns, mit dem, was in uns heil oder heilig ist, in Verbindung zu treten. Aus dieser Mitte heraus, von diesem heilen inneren Raum her, sind wir eingeladen, aus der Rastlosigkeit des Daseins schrittweise in die Einheit, Sammlung und Gelassenheit geführt zu werden.

In der orthodoxen Tradition des Herzensgebetes wird diese Bewusstheit *hēsychia* – die Ruhe des Herzens – genannt. Für den Gelehrten Augustin, einen der Urväter dieses mystischen Gebetes im 5. Jahrhundert, war die Erfahrung der Herzensruhe grundlegend und richtungsweisend: »Unruhig ist mein Herz, bis es ruhet in dir.«

Das Herzensgebet führt also zur Herzensruhe. Es ist wie ein Wegweiser. Und es kann das Auge für das Unsichtbare im Sichtbaren öffnen.

Dem orthodoxen Klassiker des Herzensgebets – »HERR Jesus Christus, erbarme dich unser« – widme ich nur ein recht kurzes Kapitel dieses Buches. In der Tradition hat diese in den ersten Jahrhunderten nach Christus häufig verwandte Gebetsformel auch unter dem Begriff Jesusgebet Verbreitung gefunden. Doch heutzutage können viele Menschen mit dieser Sprachform wenig anfangen. Es scheint hilfreich zu sein, andere Formulierungen zu finden, ohne die Essenz des Gebetes verlieren zu müssen.

Der Gebetssatz, mit dem ich lebe und aus dessen Erfahrungswelt ich erzählen möchte, klingt sehr schlicht: JA, ICH BIN DEIN. Dennoch ist er verwandt mit dem alten Satz der Orthodoxie und lädt wie er zu einer neuen Weltsicht ein, die unser Bewusstsein in der Tiefe neu ausrichtet. Mit dem Blick hinter den Schleier des Vordergründigen können wir so immer durchlässiger werden und uns für das Unsichtbare im Wunder des Lebens öffnen.

Ich habe die Erfahrung gemacht, dass dieses Gebet Heilungs-, Wachstums- und Entwicklungsprozesse voranbringt. Es erweckt das Bewusstsein des Betenden so, dass es sich auf einen neuen Klang der Schöpfung und des eigenen Lebens einstimmen kann. Es ist die feine Einstimmung auf ein uns umgebendes »Du« und die sich daraus neu formulierende Beziehung auf das hin, was wir unter Gott verstehen.

Das Herzensgebet kann uns in einer Atmosphäre verorten, die unser Leben neu ausrichtet und verwandelt. Darum nennt man dieses Gebet auch Wandlungsgebet. Es kann eine Erfahrung ermöglichen, die uns zu einer an den Wurzeln ansetzenden Klärung der innersten Strukturen unseres Bewusstseins führt. Dabei geht es um nichts weniger als um die eigene Verbundenheit mit Gott. Mit der Erinnerung an diese Gottverbundenheit kann nach und nach das Potenzial freigelegt werden, das jedem menschlichen Wesen ursprünglich zur Verfügung steht, was ihn – oder sie – heilig sein lässt.

Diese Heiligkeit bleibt nicht bei der eigenen Herzensruhe stehen. Das Herzensgebet stellt vielmehr eine neue Verbindung zur Welt, zu unserer Umgebung her. Das Geheilte und Heilige in uns ist zugleich der Ort, von dem aus Heilung in das Außen, in die Welt hinein und im ganz normalen Alltag geschieht. Heiligkeit bezieht sich immer auf das Alltagsgeschehen und möchte dort Verantwortung übernehmen.

Die Berührung durch das Geheilte möchte sich in uns ausbreiten und sich von dort wieder zurück in die uns umgebende Schöpfung verströmen. In einem Führer durch das Heiligtum in Lourdes stehen die wegweisenden Worte: »Haben Sie keine Angst, heilig zu werden, öffnen Sie sich nur der Liebe, die Ihnen angeboten wird.«

Was finde ich in diesem Buch? Im ersten Kapitel werden die spirituellen Grundlagen zur Einübung des Herzensgebetes gelegt. Es soll zeigen, was beim Herzensgebet geschieht, wie es eine neue Perspektive auf eigene Erfahrungsräume ermöglicht; es geht auch um die ersten Schritte in der Praxis.

Im zweiten Kapitel geht der Blick zurück in die Tradition. Woher kommt dieser mantrische Weg, was sind seine Wurzeln? Hier wird auch erläutert, was es bedeutet, sich betend mit dem Namen Gottes zu verbinden. Die Quellen, aus denen ich schöpfe, sind in der Bibel zu finden, in Texten anderer Beter aus lang vergangenen Zeiten, aber sie finden sich auch in Zeugnissen, die aus der Gegenwart stammen. Im Literaturverzeichnis am Ende des Buches findet sich eine Aufstellung der Bücher, aus denen ich gelernt habe.

Im dritten Kapitel soll es darum gehen, was das Herzensgebet auslösen kann, was während der spirituellen Reise passieren kann und welche Erfahrungen und Ernüchterungen auf den vom »Klang der Liebe« Berührten warten.

Im vierten Teil werde ich die Bedeutungsfacetten des hier vorgeschlagenen Herzensgebetes JA, ICH BIN DEIN aufblättern, seine Tiefe auszuloten versuchen. Dazu gehört es, die vielfältigen Beziehungen dieses Mantras zur christlichen Tradition, zur Bibel aufzuzeigen. Es kann eine Entdeckung ganz eigener Art sein, wie sich Gebet und Bibelweisheit wechselseitig aufzuschließen vermögen. Ich lese die Bibel dabei mit einem offenen Blick und vertraue mich der Tiefenkraft ihrer lebendigen Worte, Symbole und Bilder an.

Im abschließenden fünften Teil wird es darum gehen, wie sich ausgehend vom Herzensgebet nicht nur das Leben, der Alltag der Betenden ändert, sondern wie die Welt in ihm erfahren werden kann, wie die Berührung mit dem Klang der Liebe Verwandlung wirkt.

Mein Wunsch ist, dass mein Buch dazu inspiriert, sich auf die Reise mit dem Herzensgebet zu begeben. Es ist ein Weg zu Gott, zu sich selbst, zu den Menschen und in den Alltag.

Hamburg, im Dezember 2011 Stephan Hachtmann

Erstes Kapitel
Vom Pflanzen der Aufmerksamkeit – die Grundlagen

Christus spricht: »Ich habe ihnen deinen
Namen kundgetan und werde ihn kundtun,
damit die Liebe, mit der du mich liebst,
in ihnen sei und ich in ihnen.«
(Johannes 17,26)

Vor dem Anfang

Das Herzensgebet ist einfach und leicht zu praktizieren. Der Weg des Herzens ist unabhängig von Alter, Gesundheitszustand oder intellektuellen Fähigkeiten jederzeit beschreitbar. Er ist für die Anfängerin und den Anfänger in Sachen Gebet genauso geeignet wie für Menschen, die schon Erfahrungen mit dem Beten haben.

Eigentlich geht es um eine einzige und unser ganzes Wesen verwandelnde Übung – das wiederholte Sprechen eines kurzen Satzes oder eines Wortes. Dieses Wort oder dieser Satz sollte Ausdruck der tiefsten Sehnsucht unseres Herzens sein. Eine Auswahl möglicher Gebete finden Sie auf Seite 174.

Für die ersten Schritte braucht es keine wirkliche Methode. Meine erste Lehrerin des Herzensgebetes legte mir am Anfang nahe: »Das aufrichtig und treu wiederholte Gebet allein genügt. In kindlicher Einfachheit und mit viel Geduld. Immer wieder und immer wieder neu. Gebe dich diesem Tun ganz hin. Beginne immer wieder neu und werde nicht müde, dein Gebet im Herzen zu wiederholen. – Mit Geduld, mit Geduld, und ich sage es noch mal: mit Geduld.« Das hat mir damals sehr geholfen, einfach zu beginnen.

Für mich hat sich eine vierfache Grundregel bewährt, die ich in einem ganz und gar nicht spirituellen Kontext kennen gelernt habe: beim Improvisationstheater. Sie lässt sich aus der Welt des Spielens übersetzen in die Welt des Herzensgebets.

Frage nicht, behaupte. Wer anfängt zu beten, fragt nicht, er sagt »Ja«. Er (oder sie) vertraut sich diesem Weg an. Mit unserem »Ja« schaffen wir eine Atmosphäre, die es erlaubt, zuzulassen, was geschieht. Wir entscheiden uns zu beten und lassen uns auf die sich daraus ergebenden Erfahrungen ein. Ohne Warum. Voller Vertrauen. Wir brauchen kein Ergebnis oder eine Antwort. Wir brauchen nichts zu erreichen, kein Ziel zu erlangen. Wir entscheiden uns dafür, zuzulassen, dass die geheimnisvolle hintergründige Kraft der Liebe ihr Werk verrichtet, ohne uns zu erklären, wie sie das tut. Wir beginnen und sind einfach nur da. Diese Haltung, für die man sich entscheiden muss, hilft auch, dabei auftretende Zweifel bezüglich der Auswahl der Worte unseres Gebetes zu beenden. Sie schult Vertrauen und eine gesunde Form der Disziplin.

Nimm es an. Anzunehmen, was ist, ist wohl das Schwierigste. Sich in der Zeit, die wir uns für das Gebet nehmen, ganz darauf einzulassen, was im Bewusstsein erscheint, erfordert Übung. Jeder Gedanke, jedes Gefühl will wahrgenommen und wieder losgelassen werden, damit wir nach der Ablenkung wieder in die Einfachheit zurückkehren können, um unseren heiligen Satz zu wiederholen.

Bleib dabei. »Zweige, die oft umgesetzt werden, treiben keine Wurzeln.« Diese Warnung Gregors vom Sinai (gestorben 1346), eines Wüstenheiligen der orthodoxen Kirche und wichtigen Vertreter des Hesychasmus, beschreibt, dass unsere Einübung eine gewisse Form der Disziplin und Beständigkeit erfordert. Nur so kann sich das Gebet in unser Herz einwurzeln. Das erfordert tägliche Regelmäßigkeit. Einen Satz, einen Ort, eine Zeit. Täglich schenken wir Gott damit etwas von unserer Lebenszeit und öffnen uns ganz der Erfahrung, die uns dann widerfährt.

Wir benötigen diese Hingabe und Treue, um dem Geheimnis unseres Seins auf die Spur zu kommen. Dieses Am-Ball-Bleiben bezieht sich auch und im Grunde vorrangig auf die Wiederholung der Gebetsformel. Dem scheinbar gegensätzlichen Sprichwort folgend: »Zweige, die man oft umsetzt, treiben besonders kraftvolle Wurzeln«, kann die genaue Wortfolge des Gebetes, die wir verwenden, von Zeit zu Zeit verändert werden, doch sollte dies nicht zu häufig geschehen.

Ich möchte dazu ermutigen, am Beginn des Weges dem einmal begonnenen Gebet treu zu bleiben und mit diesem Wort-Klang erste Erfahrungen zu machen. Denn die Wirkungen des Gebetes entfalten sich am stärksten, wenn es gelingt, bei einer Formulierung zu bleiben und damit den unruhigen Geist immer wieder neu in die Stille zu führen. Das ist die Hauptsache. Die Wege in die Ruhe des Herzens sind vielfältig. Wir sollten uns nicht von den vielen Möglichkeiten verwirren lassen. Wir dürfen bei dem bleiben, was wir gewählt haben.

Mach was draus. Die gewonnenen Erkenntnisse und Einsichten können uns von Grund auf verändern. Bei manchen Menschen unmerklich und sanft, bei anderen radikal und deutlich spürbar. Der Exerzitienmeister und Jesuit Franz Jalics, der durch seine Bücher über die kontemplativen Exerzitien auch in Deutschland bekannt wurde, beschreibt, woran wir in unserem Leben merken können, ob wir in unserer Praxis voranschreiten. »Wenn du nach geraumer Zeit kontemplativen Gebetes merkst, dass du, ohne dich zu bemühen, die Menschen ein bisschen mehr liebst, ihnen gegenüber mehr Geduld empfindest, wenn du merkst, dass dein Lebensgefühl ein bisschen positiver geworden ist, deine Toleranzgrenze in schwierigen Situationen sich geweitet hat, und wenn du merkst, dass du dich selbst mehr so nehmen kannst, wie du bist, ja, dann geht dein kontemplatives Gebet in die richtige Richtung.« (Franz Jalics, *Kontemplative Exerzitien*)

In unserem alltäglichen und vertrauten Umfeld können wir am ehesten Fortschritte und Veränderungen erspüren. Der Alltag mit seinen Verpflichtungen und Vergnügungen bleibt der beste Gradmesser für unsere spirituelle Weiterentwicklung. In ihm offenbart sich unsere neu dazugewonnene Lebenstiefe und Lebensfreude am deutlichsten und ehrlichsten.

Die eigene Herzensbitte finden

Der traditionelle Weg des Herzensgebets orientiert sich an der alten, mächtigen Anrufung »HERR Jesus Christus, erbarme dich meiner« (die ausführliche Erläuterung dieser Gebetsformel findet sich auf Seite 38 ff). Für viele Menschen ist aber gerade diese Formulierung zu fremd, darum kann es hilfreich sein, nach einem Satz zu suchen, der sich leichter im Herzen verwurzeln lässt.

Welches ist nun aber die Formel, die *uns* entspricht, die *uns* im Innersten anspricht und somit einen Wandel *in uns* vollziehen kann? Was ist der Klang, der *uns* in die Beziehung zu Gott führt? Welches sind die Worte, die *uns* für die göttliche Wirklichkeit öffnen und die nicht durch negative Erfahrungen und Erinnerungen besetzt sind? Für viele Menschen sind schon die Worte »Herr« oder »erbarmen« eine unüberbrückbare Hürde. Zu groß sind die Verletzungen durch immer noch zerstörerisch wirkende Gottesbilder aus den Tagen ihrer Kindheit.

Das eigene Gebet des Herzens sollte die Eigenschaften verkörpern, die dem universalen Wesen von Liebe, Ganzheit, Weisheit und Mitgefühl entsprechen. Die Herzensbitte sollte das widerspiegeln, was uns im jetzigen Augenblick am meisten in unserem Innersten anspricht und berührt. Unser Herzensgebet sollte die tiefste Sehnsucht unseres Herzens ausdrücken.

Dazu braucht es oft kein langes Nachdenken: »Mein Herz ist mein Weg«, sagte mein Sohn, »Mein Licht ist mein Weg« meine Tochter, als ich sie fragte, welches Gebet ihnen aus der Seele sprechen würde. Da waren die beiden acht Jahre alt.

Auch das sind Satzsymbole, die einen Menschen weit tragen und tief verwandeln können. Es gibt eine unbegrenzte Vielfalt von Möglichkeiten für ein Herzensgebet. Selbst der Satz: »Nimm dein Bett und geh!« (die Aufforderung Jesu aus einer Heilungsgeschichte in Johannes 5,8) kann für einen Menschen eine lebensgestaltende Bedeutung entfalten.

Beim Finden des eigenen Gebetsklanges kann jeder Mensch seiner Intuition vertrauen. In diesem Buch geht es hauptsächlich um das Mantra JA, ICH BIN DEIN. Eine Auswahl anderer Herzensgebete finden Sie im Anhang.

Die drei Stufen des Gebetes

Das mündlich gesprochene Gebet. Wir formen den Klang unseres Herzensgebets mit den Lippen, in Verbindung mit dem Atem und den Stimmbändern – das kann sehr leise, fast klanglos sein –, oder wir beten es in einer einfachen Melodielinie. Allen Menschen, die mit dem Herzensgebet beginnen, wird diese hörbare anfängliche Art der Übung empfohlen.

Das verstandesmäßige Gebet. In unserem Inneren erklingt – gedacht und allein innerlich gesprochen – unsere Herzensbitte. Tonlos. Dabei pflanzt der Verstand das Gebet langsam in unser Herz. Dieses Gebet nennen wir »das Gebet des Geistes«. Die Wüstenväter, allen voran der Starez Theophan, sprachen vom Versenken der Intelligenz, des Verstandes in die Tiefe unseres Herzens.

Das Gebet des Herzens. In uns erklingt unablässig unser Ein-Klang-Wort-Gebet. Ohne etwas zu machen, lassen wir uns von der Wirklichkeit, die durch die Worte unseres Mantras hindurchtönt, im Alltag tragen. Wir sind ganz eingehüllt in die Atmosphäre dieses inneren Zustandes und erleben uns in der Welt ganz bei den Menschen und im Herzen ganz bei Gott. Das »immerwährende Herzensgebet« wird als sehr weit fortgeschrittener Zustand beschrieben und wird auch das »Gebet des Geistes im Herzen« genannt. Es ist die durch Gnade geschenkte Bewusstseinsstufe der permanent erfahrenen Vereinigung des göttlichen Herzens mit unserem menschlichen Herzen. Die Präsenz der Gegenwart Gottes in unserer Mitte.

Das Gebet des Herzens im Alltag

Ein Schüler wurde eines Tages von Abbas Cordius gefragt, wann er denn das Herzensgebet übe. Er sagte: »Jeden Morgen von sechs bis sieben Uhr.« »Oh, dann hast du noch nichts verstanden!«, erwiderte sein spiritueller Lehrer. »Wenn du nicht den ganzen Tag in der Atmosphäre des Gebets verweilst, nützt dir deine regelmäßige Übung gar nichts.« Wenn er nun die Antwort gegeben hätte: »Ich übe mich Tag und Nacht immer in diese Gestimmtheit des Herzens ein«, dann hätte sein Lehrer ihm wahrscheinlich geantwortet: »Oh, dann hast du noch nichts verstanden! Wenn du nicht jeden Morgen ganz treu mindestens eine Stunde in strenger Versenkung dein Gebet sprichst, wird dir die Ausrichtung auf diese Haltung nicht gelingen.« So scheinen beide Gebetsweisen zusammenzugehören und hilfreich zu sein. Der Brite Kallistos Ware, ein orthodoxer Bischof unserer Tage und Lehrmeister des Herzensgebetes, hat ebenfalls zwei Formen unterschieden, in denen wir das Gebet praktizieren können: Er nennt sie das »freie Gebet« und das »formale Gebet«.

Das freie Gebet. Mit dem freien Gebrauch ist gemeint, dass wir das Gebet im Laufe des Tages sprechen, während wir mit den gewohnten Tätigkeiten beschäftigt sind. Wir können es einmal oder mehrmals in den verschiedensten Situationen über den Tag verteilt sprechen. Wir wiederholen es in den Momenten, in denen der Kopf frei ist. Wir können es auch beim Abwaschen, beim Warten auf den Bus, beim Stau im Straßenverkehr, bei schwierigen Gesprächen, beim Einschlafen, beim Spazierengehen, bei einfachen Arbeiten und so weiter innerlich sprechen. Egal, welche Situation, das Gebet kann unsere ständige innere Begleitung sein. Der hohe Wert des Gebetes liegt in seiner Einfachheit.

Das formale Gebet. Das »freie« Sprechen des Herzensgebetes wird idealerweise durch die »formelle« Übung ergänzt: Auch hierfür gibt es keine strengen Regeln. Wir suchen uns einen möglichst ruhigen Ort in unserer Wohnung, möglichst immer an derselben Stelle, und nehmen uns eine regelmäßige feste Zeit vor, um das Gebet zu sprechen. Circa 20 bis 30 Minuten am Morgen haben sich bewährt. Der unruhige Geist und die Vielzahl von Gedanken, die auf uns einstürmen, wenn wir uns zur Ruhe setzen, brauchen ein wenig Zeit, damit sie sich beruhigen können. Es ist so, als ob in einem Raum Staub aufgewirbelt wird. Nach einer Weile setzt er sich. Das braucht eben seine Zeit.

Wenn nicht anders möglich, können wir uns aber auch einmal oder öfters über den Tag verteilt fünf Minuten ganz dem Gebet widmen. Wichtig sind allein die Kontinuität und die Regelmäßigkeit. Es ist sinnvoller, eine kurze Gebetszeit über einen längeren Zeitraum zu praktizieren, als die Hürde mit einer langen Gebetszeit zu hoch zu legen und daran zu scheitern. Das Gebet kann auf einem Stuhl, im Liegen, im Stehen, auf einem Sitzkissen oder im Lotussitz verrichtet werden. Auch dafür gibt es keine festen Vorgaben, es ist aber gut, wenn die Körperhaltung so ist, dass die Atmung ruhig und entspannt fließen kann. Ein aufrechtes Sitzen hat sich bewährt und folgt der Einsicht, dass äußere Aufrichtung in Beziehung zu innerer Aufrichtigkeit steht und umgekehrt. Vieles wird sich im Laufe der Zeit ergeben und individuell einspielen.

Lesung und Liturgie. Eine tägliche geistliche Lesung kann inspirierend und unterstützend auf unserem Weg des Herzens wirken und sollte darum ein fester und regelmäßiger Bestandteil unserer spirituellen Lebensgestaltung sein.

Die Auswahl der Lektüre kann von der Bibel, den Wegerfahrungen anderer Menschen, von spirituellen Weisheitsgeschichten bis hin zu den Überlieferungen aus den anderen großen Weisheitstraditionen reichen. Das Spektrum der Auswahl darf vielseitig sein und kann dazu beitragen, unsere interreligiöse Toleranz und ökumenische Weite weiter zu entwickeln.

Ein von uns selbst bestimmtes Ritual oder ein regelmäßiger fester Gebetsablauf wirken sich ebenfalls positiv auf die sanfte Beheimatung dieses Weges in unseren Lebensvollzug aus. Eine mögliche Liturgie für ein tägliches Ritual wäre zum Beispiel: 3 x Klangschale, Verbeugung, kurzes Gebet, 10 bis 25 Minuten Sitzen in der Stille mit dem Herzensgebet, 3 x Klangschale, Segen und abschließende Verbeugung. Dabei können wir ganz offen und experimentierfreudig sein und die uns genehme Form und Zeitspanne herausfinden.

Meditationsplatz. Man kann überall beten, aber es unterstützt den spirituellen Weg, wenn wir den Ort unseres Gebets gestalten. Unser Meditationsplatz darf dem Erschaffen eines Kunstwerkes ähnlich sein und kann sich in unserem Wachstumsprozess immer wieder verändern und neu ausdrücken. Zur Gestaltung können wir Symbole oder Gegenstände verwenden, die uns für die Beziehung zu Gott hin öffnen und in denen sich eine eigene Berührung widerspiegelt.

Die Gebetsschnur. Das Beten unter Zuhilfenahme einer Gebetsschnur kann eine große Hilfe sein, um die Gedanken zu sammeln und zu zentrieren. In der orthodoxen Tradition des Herzensgebetes heißt diese Gebetsschnur *Komboskini* oder *Tschotki*. Sie ist eine geflochtene Knotenschnur, an der das Herzensgebet oder Jesusgebet verrichtet wird. Üblicherweise hat eine *Komboskini* einhundert Knoten, es gibt aber auch Formen mit fünfundzwanzig, dreißig, dreiunddreißig oder fünfhundert Knoten. Die geschlossene Schnur steht als Zeichen für die Ewigkeit und das nie endende monastische Gebet. Den *Komboskini* erhalten die Mönche und Nonnen in der Ostkirche bei der Profess (Ordensgelübde, Bekenntnis). Die mit sich getragene Gebetsschnur soll an das Wort des Apostels Paulus: »Betet ohne Unterlass!« (1. Thessalonicher 5,17) erinnern. Dieser Hinweis gilt nicht nur Mönchen und Nonnen, sondern allen Christen. Wir können auch von einem »spirituellen Herzschrittmacher« sprechen. Die Knotenschnur wird nicht verwendet, um die Gebete zu zählen, sondern als Hilfe zur Konzentration und für einen gleichmäßigen Rhythmus.

Das Gebet kann auch mit einer Perlenkette (*japa mala*) gebetet werden. In dem katholischen Rosenkranzgebet und in den östlichen Traditionen begegnet uns ebenfalls diese Gebetsweise. Hierbei werden Holzperlen oder andere Perlen verwendet. Die sich wiederholende monotone Rezitation des Herzensgebetes hat eine ähnliche Wirkung wie das monotone und rhythmische Gleiten der Finger über die Knoten oder Perlen. Jeweils ein Knoten oder eine Perle ist ein Gebet und verstärkt die meditative Versenkung. Meine erste Herzensgebetslehrerin sagte, dass jedes Gebet *eine* Zelle des Körpers erleuchtet. Da gibt es einiges zu tun, und sie sagte des Weiteren, dass man mit der Zeit bescheidener wird … Alle Tiefenschichten der Person werden in dieses Gebet mit eingebunden und in die Dankbarkeit, Demut und Reinheit des Herzens geführt.

Akzeptanz lernen – sieben Schritte

Zentrale Übung im Herzensgebet ist das Erlernen des Umgangs mit dem eigenen Innenleben, dieser Legion von verschiedenen Bewusstseinsmanifestationen. Das können Gefühle, Fantasien, Projektionen, Einkaufslisten, Empfindungen, Gestimmtheiten und so weiter sein. Was es auch immer sei: Diese Erscheinungen gleichen oftmals Schwärmen surrender Stechmücken, die gerade dann zu Hunderten über uns herfallen, wenn wir in der Stille unser hei-

liges Wort beten möchten. Alle großen Weisheitstraditionen kennen diesen Zustand und beschreiben ihn sowohl als sehr typisch für alle Übenden und als sehr hinderlich bei der Entwicklung des Bewusstseins.

Im zentrierenden Gebet zu verweilen wird als Grundfähigkeit beschrieben, die in die Freiheit von Gedanken führt und den inneren Raum leert, damit das Göttliche in ihm sichtbar werden kann. Grundlage dieser Fähigkeit, »ohne Unterlass« zu beten, ist Akzeptanz. Die Fähigkeit zu Akzeptanz ist die Voraussetzung dafür, dass unser Leben und jedes Ereignis darin als ein immerwährender Wandlungs- und Entwicklungsprozess wahrgenommen werden kann. Sieben Orientierungen können helfen, den Weg der Akzeptanz zu beschreiten.

Innehalten. Der erste Schritt beim Erlernen von Akzeptanz ist das Innehalten. Es braucht zunächst eine Zäsur, eine Unterbrechung, eine Pause, ein Nichtstun: innen Halt machen, Sonntagszeit. Wir unterbrechen innerlich oder äußerlich unser gewohntes Tun, das fast schon automatisch ablaufende Gedankenkarussell, und horchen und lauschen hinein, was da in uns plappert, was uns ablenkt, beschäftigt oder bewegt. Erst das Innehalten erlaubt die bewusste Wahrnehmung und Unterscheidung des innerlich ablaufenden Automatismus. Innehaltend öffnen wir den Raum dafür.

Wahrnehmen. In einem weiteren Schritt des Akzeptierens beobachten wir das, was ist – so wie es jetzt gerade ist. In dem urteilsfreien Wahrnehmen dessen, was sich uns in dieser Weltsekunde an Lebensfülle und Differenziertheit offenbaren möchte, schulen und trainieren wir unsere Beobachtungsgabe und das wertfreie Zeugenbewusstsein. In vielen spirituellen Systemen wird der Entwicklung des sogenannten Zeugen oder des Beobachters eine besondere und wichtige Bedeutung beigemessen. Dieser Lernschritt findet sich häufig am Anfang des Weges. Der kulturwissenschaftlich orientierte Bewusstseinsforscher und integrale Pionier Jean Gebser (1905–1973) beschrieb in seinem 1949–1953 erschienenen Hauptwerk *»Ursprung und Gegenwart«* die Fähigkeit zum urteilsfreien Wahrnehmen als das Grundmerkmal eines neuen, jetzt in Erscheinung tretenden integralen Bewusstseins. Er prägte dafür den Begriff des Wahrens. Wie in einem Spiegel reflektieren wir das Ereignis oder die Bewusstseinsmanifestation und betrachten das Wahrgenommene in dem Licht des Für-wahr-Haltens der Wahrheit, so wie sie sich jetzt abbildet. Unterscheidend, aber nicht bewertend oder urteilend. Den Fokus auf das gerichtet, was im Bewusstsein erscheint. Wahrnehmen in reiner Beobachtung.

Zulassen. Beim Zulassen-Können erweitern wir unsere Fähigkeiten zu akzeptieren und lassen innerlich mit einem geöffneten Herzen zu, was ist, etwa die machtvoll sich anbahnende Wut oder das nervige Gewusel unserer Gedanken. Das Zulassen ist ein sehr kraftvoller Schritt und geht über die reine Wahrnehmung hinaus. Zulassend bin ich innerlich bereit dazu, das Erscheinende zu akzeptieren, ohne es zu verdrängen. Eine Redensart sagt: »Die Wut gleicht einer Dame in Rot. Wenn sie den Raum betritt, bittet man sie zu Tisch und hört ihr genau zu, was sie zu sagen hat.« Das Zulassen-Können ist Ausdruck einer Bereitschaft, zuzuhören und zu empfangen. Zulassen ist eine Haltung, die wir entwickeln und einüben können, und bezieht sich auf körperliche, emotionale und mentale Erscheinungen.

Annahme. Vom Zulassen zum Annehmen ist es meist noch ein weiter Weg. Anfangs gelingt Annahme nur schrittweise. Manchmal erfordert es ein ganzes Leben oder Jahre, bis wir eine abgewehrte Person beispielsweise oder ein inneres unheilvolles Muster durch Annahme wirklich integrieren können.

Wir können diese Bejahung, die aus dem Herzen kommt, aber geduldig im Alltag einüben. Zunächst bei den kleinen und einfachen Dingen. Zum Beispiel, wenn ich meine Frau nicht mehr bitte, sich bei der Vorbereitung zu einem Fest bei ihrer Garderobe und was es da sonst noch zu tun gibt, zu beeilen (was auch wirklich nicht hilfreich ist, denn meistens dauert es dann besonders lange...). Statt dessen kann ich dankbar über die geschenkte Zeit sein, in mein Herzensgebet gehen und mich über die Schönheit meiner Frau freuen und ihre Sorgfalt wahrnehmen, mit der sie sich vorbereitet. Eine alte Sufiweisheit sagt: »Annehmen ist, dass das Herz auf die ewige Wahl Gottes für seinen Diener schaut, denn er weiß, dass Gott das Beste für ihn gewählt hat, und er nimmt es an und gibt alle Unzufriedenheit auf.« Der universale Schlüssel für die Fähigkeit zur liebevollen Annahme ist die Geduld. Darin sind sich die verschiedenen Wegtraditionen einig. Erst aus der Annahme einer Bewusstseinsreaktion kann die Fähigkeit erwachsen, sich dem Fluss eines Geschehens hinzugeben.

Fließen lassen. Die ziehenden Wolken am Himmel sind ein vertrautes Bild, das dieses Fließen beschreibt. Egal, ob die Wolken dunkel und schwer, dick oder durchsichtig oder leicht und flüchtig sind – irgendwann ziehen sie vorüber. Ihr Vorbeiziehen, die Bewegung an sich, veranschaulicht die dahinfließende Lebendigkeit unseres Universums. Die auf den griechischen Philosophen Heraklit zurückgehende Formel *panta rhei* – alles fließt – bringt diese Gesetzmäßigkeit auf den Punkt: Entwicklung und Wandel brauchen Bewegung. Wenn also etwas fließt, in Fluss ist, bleibt es in Verbindung mit dem Lebendigen und gestattet Veränderung.

Eine Hilfe, um diese Dynamik wahrzunehmen, ihr Raum zu geben, ist das innere Bild vom Bewusstseinsstrom, auf dem die Schiffe und das Treibholz der unendlichen Erscheinungen dahintreiben. Wie oft gleicht unser Bewusstsein einem stark befahrenen Fluss. Erst wenn wir eine Weile still sind, kann sich »der Verkehr der Gedanken und Gefühle« ein wenig ordnen und lichten. Es werden Zwischenräume sichtbar, und das Treiben wird vielleicht ruhiger. Jedenfalls solange wir die Gedanken-Boote nicht am Ufer unseres Bewusstseins vertäuen wollen, können sie ruhig erscheinen und wieder verschwinden. Äußeres Vorüberziehen-Lassen ist die Voraussetzung für das tatsächliche innere Loslassen.

Meditation: Den Fluss beobachten

Ich stelle mir vor, ich sitze am Ufer eines breiten ruhigen Flusses und beobachte die vorbeifahrenden Schiffe und alles, was auf diesem breiten Strom in Bewegung ist. Mein Platz ist am Ufer. Er ist ein wenig erhöht, damit ich alles gut überblicken kann. Es ist ein guter Platz. Ein geborgener und mir vertrauter Platz. Ich sitze bequem, aufrecht und spüre mich gut verbunden mit dem weichen Boden, der mich trägt und gründet. Ich beobachte meinen Atem. Treu wiederhole ich in der Stille mein Herzensgebet. Immer wieder und immer wieder.

Die Sonne wärmt mich mit ihren Strahlen, und wenn ich mich umschaue, kann ich mich von der Landschaft berühren lassen. Die dahintreibenden Schiffe und Gegenstände repräsentieren meine Gedanken, Gefühle und Empfindungen. Vor meinem Auge erscheinen große und kleine, bunte und einfarbige, schöne und hässliche Schiffe. Einige beschäftigen mich, lösen Empfindungen und Gefühle bei mir aus. Andere sind ganz flüchtig und fast unsichtbar. Manche sind so kraftvoll, dass sie mich vollkommen in ihren Bann ziehen. Andere lösen eine ganze Reihe von Erinnerungen aus oder verlocken mich dazu, grandiose Pläne für die Zukunft zu entwerfen. Manches Treibgut will ich so gar nicht haben, und ich versuche, es zurückzudrängen, was mir nur teilweise gelingt. Der Strom des Bewusstseins bringt das Unerwünschte immer wieder zurück in mein Blickfeld. Ich beschließe, es erscheinen zu lassen, es wahrzunehmen und es wieder vergehen zu lassen.

Manchmal fasziniert mich ein Schiff besonders, und ich habe Lust, es anzuhalten, an Bord zu gehen und in den Rumpf hineinzuschauen. Ich merke dann, wie mich dieses vom Betrachten des Flusses ablenkt, und so kehre ich wieder zurück an meinen Aussichtsplatz am Ufer. Ich kehre immer wieder zu meinem Herzensklang zurück. Ich lasse alles vorbeiziehen in dem Vertrauen, dass die Strömung des Flusses alles auf ihm Befindliche weiterbewegt und in das große Meer trägt. Ich bin kein Richter und beurteile diese Schiffe, die meine Gedanken und Gefühle und Empfindungen sind, nicht. Ich bin nur der reine Beobachter und Zeuge und versuche, nur wahrzunehmen, was jetzt da ist.

Ich bleibe im Gebet. Und wenn ich hundert Mal abgelenkt werde, dann kehre ich eben hundert Mal wieder zurück. Beginne neu. Spreche mein Herzensgebet und vertraue mich der Gegenwart der göttlichen Liebe an.

Loslassen. Wenn wir dem fließenden Lebensgesetz Raum geben, kann daraus das Geheimnis des Loslassens erwachsen. Mit Loslassen meine ich das Vertrauen in die ewige Verwandlung. Wirkliches Loslassen ist eine hohe Kunst, die man nur prozesshaft und kleinschrittig einüben kann. Loslassen übe ich im Vorübergehen-Lassen eines Gedankens während der Meditation. Loslassend registriere ich die Beständigkeit oder besser gesagt die Unbeständigkeit einer Gefühlswallung in mir. Loslassen übe ich ein, wenn ich beim Beobachten meiner Reaktion auf eine Fliege, die munter auf meiner Hand herumkrabbelt, innerlich gelassen bleibe. Loslassen birgt die Fähigkeit zum Abschied und ist in der Tiefe eine grundlegende Einübung in die Annahme der vergänglichen Dimension des Lebens.

Neu kommen lassen. Der sich durch das Loslassen bildende offene und geleerte Raum ist frei für die nächste Bewusstseinserfahrung, und so kann ein Neu-kommen-Lassen gelingen. Ohne Erwartung, Bewertung und ohne Verurteilung; in vollkommener Offenheit für das Nächste, das geschieht. Schritt für Schritt. Atemzug für Atemzug. Augenblick für Augenblick. Alles ist neu. In der Offenbarung des Johannes finden wir den Satz: »Siehe, ich mache alles neu!« (Offenbarung 21,5). In dieser Haltung können wir uns dem Unwiederholbaren eines jeden Augenblicks anvertrauen und nehmen das Wunder des noch nie Dagewesenen wahr.

Wegbegleitung

Die Begleitung durch eine Lehrerin oder einen Lehrer kann auf dem Weg des Herzens eine große Hilfe sein. In der Tradition der alten Kirchen gab es die Wüstenmütter und Wüstenväter oder die Starzen (Starez oder Starze, russisch: *der Alte*), die von Herz zu Herz und Mund zu Mund die eigenen Erfahrungen weitergegeben haben. Heute bezeichnen wir geistlich erfahrene Menschen als spirituelle Lehrerinnen oder Lehrer. Sie sind den Weg des Herzens schon ein Stück länger gegangen und haben Erfahrungen gesammelt, die hilfreich erscheinen und uns auf unserem Weg weiterbringen können. Ein Kundiger des Weges oder eine »Bergführerin« können uns bei Fragen helfen, die mit der Praxis und einer spirituellen Lebensführung in Zusammenhang stehen. In schwierigen Situationen, die uns Angst machen und Zweifel verursachen, kann ein Austausch über die Wegerfahrungen der inneren Entwicklung dienlich sein. Spirituelle Krisen sind begleitende Erscheinungen auf dem Weg und bedürfen oftmals einer weisen und verantwortungsbewussten Reflexion, damit Fortschritt gelingt. Die Qualität spiritueller Begleitung ist daran zu messen, ob sie Abhängigkeiten oder Idealisierungen wenig Raum bietet und ob sie zu innerer Freiheit und Verantwortung des Begleitenden führt oder nicht.

In der Regel wird einem Suchenden, der ernsthaft diesen Weg gehen möchte, seine Wegbegleitung »über den Weg laufen«. Manche suchen auch die Verbindung mit dem inneren Meister Christus selbst und überprüfen die eigenen Wegerfahrungen durch das begleitende Studium der Schriften zum Herzensgebet.

Weiterhin ist es möglich, sich mit anderen Menschen, die diesen Weg gehen, zu vernetzen und im Austausch der Erfahrungen in das Gebet hineinzuwachsen. Das Internet bietet den Suchenden heutzutage reichlich Angebote in Klöstern oder Einkehrhäusern, um die Praxis der Kontemplation mit dem Herzensgebet alleine oder in Gruppen zu erlernen oder zu vertiefen. In der Literaturliste im Anhang können Sie verschiedene Bücher zum Herzensgebet finden, die Erfahrungswissen, Hinweise und Wegschritte zum Thema vermitteln können.

Weitere Übungszugänge

Wer in Tagungshäusern Kurse oder Seminare besuchen möchten, die das Herzensgebet zum Inhalt haben, dem können verschiedensten Gestaltungsformen und Zugänge begegnen, die ich hier nur kurz aufzeigen möchte.

Der Atem. Der heilige Atem ist uns geschenkt und durchströmt unseren ganzen Leib als Kraftquelle. Die Bewegung des Atems ist die lebensspendende Melodie des Empfangens und Loslassens, des Leerwerdens und des Erfülltwerdens. Unser Atem ist der heilige Rhythmus des immerwährenden »Stirb und Werde!«. Die Einübung in die Wahrnehmung unserer inneren Atemräume leistet einen wichtigen Beitrag, um Energieblockaden zu lösen und den ganzen beatmeten Leib zu stärken und neu zu beleben. Die Vorstellung, dass jedes mit dem Atem verbundene Herzensgebet eine Zelle des Körpers »erleuchtet«, möchte uns ermutigen und gleichzeitig für die Langsamkeit unseres Transformationsprozesses sensibilisieren (der menschliche Körper hat circa 100 Billionen Körperzellen). Das Wort an den Atem zu binden hat sich als eine natürliche und vertiefende Weise des Betens herausgestellt. Zum Beispiel kann man bei der klassischen Gebetsformel »HERR Jesus Christus, erbarme dich meiner« im Einatmen: » HERR Jesus Christus« und beim Ausatmen: »erbarme dich meiner« innerlich sprechen.

Klang. Die Arbeit am Klang unseres Herzenswortes und das damit verbundene Tönen verschiedener Laute verändern nicht nur die Klangräume in unserem Körper, auch die Sprachtiefe und der Sprachausdruck erfahren eine allmähliche Wandlung. Worte gewinnen eine neue Bedeutung und können sich uns aus einer neuen Sichtweise erschließen. Auch unsere Alltagssprache in Ausdruck und Tonfall wird davon spürbar und nachhaltig beeinflusst.

Körpergebet. Das Körpergebet wirkt auf unseren physischen Körper und unterstützt heilsame Prozesse. Durch langsam durchzuführende Gebärden, Bewegungsabläufe und Übungen können sich die feinstofflichen Energiezentren (Chakren) öffnen, und die Lebensenergie gerät in Bewegung. Verschiedene Gebetsgebärden, zum Beispiel das Sonnengebet nach Sebastian Painadath oder die Große Gebetsgebärde, wie sie in der Via-Cordis-Tradition weitergegeben werden, sind Beispiele für eine Einbeziehung der leiblichen Dimension in die Praxis mit dem Herzensgebet. In geschützten Räumen oder in der Natur vollzogen sind sie fester Bestandteil vieler kontemplativer Angebote.

Gestaltung. Im kreativen Gestalten unserer Erfahrungen und Einsichten geben wir unseren inneren Prozessen, Umformungen und Veränderungen einen schöpferischen Ausdruck. Im Nachhinein ist es dann oft leichter, die tiefen Erfahrungen tatsächlich für wahr und authentisch zu halten. Das intuitiv Gestaltete können wir dann als Inspirationsquelle in unseren Lebensalltag hineinnehmen. Im Formen aus Ton, im Malen und Zeichnen, im Schreiben, im Dichten, im Tanz oder in der Bewegung kann sich unser Weg der Ganzwerdung eindrücklich ausdrücken. Der Weg des Herzensgebetes zeigt sich uns insgesamt als ein sehr sinnlicher und körperbetonter Weg, der unsere kreativen Potenziale wecken und bewusst machen kann.

2. Kapitel
Von den Vorfahren lernen – das Jesusgebet

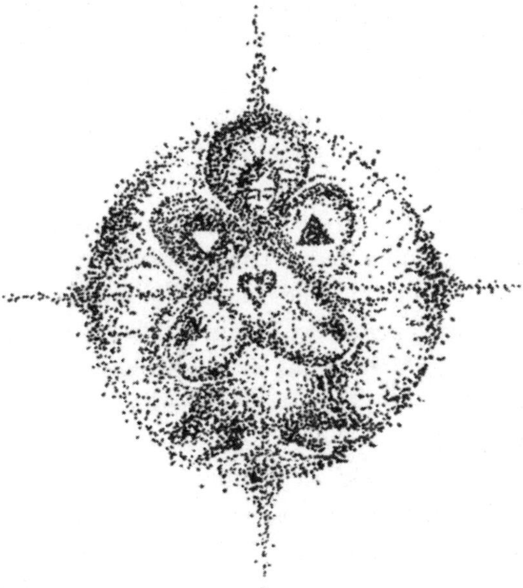

Was ihr mich bitten werdet
in meinem Namen, das will ich tun.
(Johannes 14,14)

Die Bedeutung des Gottesnamens

Dem heiligen Namen im Gebet wird eine ungeheure Kraft zugesprochen. In der alten Tradition des Herzensgebetes wurde in den ersten Jahrhunderten zunächst vorrangig der Name Jesus Christus angerufen, als der von Gott gezeugte Sohn, der in Jesus von Nazareth wahre Gestalt angenommen hat. Christus galt und gilt dem Glaubenden sozusagen als Prototyp des neuen Menschen, des neuen Adams, der – auch heute noch – in uns geboren werden möchte.

Was geschieht, wenn man einen Namen, ja, einen Gottesnamen anruft? Wenn wir den Namen eines Menschen anrufen, dann bedeutet dies, seine Person wirksam zu vergegenwärtigen. Wir erfüllen einen Namen mit Leben, sobald wir ihn anrufen. Jede Namensanrufung – so der englische Entwicklungsbiologe Rupert Sheldrake (geb. 1942) – hinterlässt eine energetische Spur im Kosmos. Sheldrake arbeitet mit der Vorstellung von morphogenetischen Feldern (abgeleitet von den griechischen Wörtern *morphé* = Form und *génesis* = Erzeugung, Entstehen), um ein energetisches Schöpfungsfeld zu beschreiben, das ein jeder Gedanke im Kosmos hinterlässt, wenn er gedacht, gesprochen oder gesungen wird. Diesem Modell folgend, könnte man sagen, dass die Anrufung des Namens *Jesus Christus* im Herzensgebet durch die Jahrhunderte bis auf den heutigen Tag ein sehr kräftiges morphogenetisches Energiefeld hinterlassen hat.

Vielen hilft diese Vorstellung, um die Wirkweise des Gebets besser zu verstehen. Mit den vielfachen Anrufungen des Namens Jesus Christus hat sich quasi eine große Energiewolke oder ein »Kraftwerk der Liebe« gebildet, mit dem wir in Resonanz treten können, wenn wir unser Gebet sprechen. Die Anrufung des Namens Jesus Christus vernetzt uns augenblicklich mit diesem Energiefeld gleicher Schwingung. Die Beiträge von Rupert Sheldrake zu der

Existenz von Energiefeldern oder die neuesten Erkenntnisse aus der Quantenphysik und der Psychologie können uns eine Ahnung davon geben, wie die hintergründig wirkenden Schwingungsdimensionen des Namens im Herzensgebet in einem neuen Licht wahrgenommen oder interpretiert werden können.

Auch die Veröffentlichungen des deutschen Musikjournalisten Joachim-Ernst Behrendt (1922–2000) zu Schwingung und Klang weisen auf einen Bereich hin, der für die zeitgemäße Interpretation des Herzensgebetes von Bedeutung sein kann.

Auf einem anderen Gebiet der Forschung bereichern die Arbeiten des unter Wasserchemikern und -physikern umstrittenen japanischen Alternativmediziners Masaru Emoto (geb. 1943) ebenfalls das Spektrum, in dem die universalen Kräfte des Herzensgebetes sichtbar werden können. Emoto hat bei seinen faszinierenden Untersuchungen insbesondere die Übertragung von Information auf Wasser durch die Kraft der Gedanken im Blick. Er hat »informierte« Wassertropfen kristallisiert und anschließend fotografiert, um damit die gestaltgebende Kraft eines Gedankens auf die Materie belegen zu können.

Der sich erfreulicherweise in den letzten Jahren in einigen Bereichen anbahnende Dialog zwischen Wissenschaft und Spiritualität zeigt eine immer größere Übereinkunft und Nähe darin, wenn es um die Interpretation der Erfahrungen eines mystischen oder spirituellen Weges geht. Auch wenn es nicht das Ziel sein sollte, mithilfe der Naturwissenschaften oder empirischen Forschung die Kraft des Gebetes zu beweisen oder zu widerlegen, so liefert diese Kommunikationsbereitschaft doch einen viel versprechenden und richtungweisenden Kontext für die Interpretation des tatsächlich Erfahrenen und kann uns für das »esoterische« Geheimnis der Namensanrufung im Herzensgebet sensibilisieren. Die Ratio ist dabei nicht der Feind, sondern der willkommene Freund, der innere Erfahrungen oder Zustände reflektierbar und einsichtig machen kann.

HERR Jesus Christus, erbarme dich meiner

Wurzelnd in der uralten jüdischen Verehrung des Gottesnamens, setzte die in der frühchristlichen Zeit ausgebildete Praxis des Jesusgebetes diese Tradition der Namensanrufung fort. Mit dem Gottesnamen HERR, der ja schon eine Umschreibung des hebräischen Namens JHWH ist, beteten die ersten Christen den Namen ihres Heilands Jesus Christus. Sie vertrauten der Bitte der Heilsuchenden, die sich an mehreren Stellen im Neuen Testament mit tiefer Sehnsucht nach Heilung an Jesus wandten: »HERR Jesus Christus, erbarme dich meiner.« So bildete sich die erste wichtige Formel des Namensgebetes allmählich heraus. Da die Namensanrufung eine zentrale Stellung einnimmt, fand diese Gebetspraxis nicht nur unter der Bezeichnung *Jesusgebet,* sondern auch unter dem Begriff *Namensgebet* Verbreitung. In Christus war Gott Mensch geworden. Im traditionellen Jesusgebet verband die Anrufung des Namens Jesus Christus das Geschöpf mit seinem Schöpfer und bildete diese Liebesbeziehung ab.

Durch Christus begann eine neue Zeit. Mit ihm gewann die Namensanrufung eine völlig neue Dimension. Die Erkenntnis seiner Seinsgleichheit mit dem Vater verlieh dem bis dahin himmlisch entrückten Gottesbild ein nahbares und menschliches Antlitz. Im erbarmungslosen Kreuz und im hoffnungslosen Leiden, in der irdischen Vergänglichkeit und der ewigen Unerlöstheit öffnete sich durch das Bewusstsein des Christus der Blick auf den auferstandenen neugeborenen Menschen. Die lichtdurchströmte Auferstehung und hoffnungsvolle Überwindung des Leidens vollendeten sich mit dem Erscheinen des Christus, so bekannten und bekennen die Christen die Verheißungen des Alten Testamentes.

Die Erfahrungen der Wüstenväter in den ersten Jahrhunderten nach Christus bestätigten die verwandelnde und erlösende Kraft des Namens, und so breitete sich diese Frömmigkeitspraxis bis auf den heutigen Tag über die ganze Welt aus.

Das in diesem Buch beschriebene Herzensgebet JA, ICH BIN DEIN speist sich aus den Quellgründen einer langen Entwicklungsgeschichte. Tief in der christlichen Tradition verankert, behält die ursprüngliche Gebetsweise des Jesusgebetes seine umfassende Bedeutung für den hier dargestellten spirituellen Weg. Diese traditionelle Form ist die Basis für das in diesem Buch beschriebene Herzensgebet. Sie gibt ihm damit einen sicheren Stand für eine verlässliche, zeitgemäße und sinnvoll erscheinende Weiterentwicklung.

Um die Tiefenstrukturen des Gebetes bewusst zu machen, möchte ich an dieser Stelle auf den Wortlaut des ursprünglichen Jesusgebetes »HERR Jesus Christus, erbarme dich meiner« etwas näher eingehen. Eine ähnliche und ebenso häufig verwendete Gebetsformel lautet etwas ausführlicher: »HERR Jesus Christus, Sohn Gottes, erbarme dich meiner.« Ich werde mich an den Begriffen, den Worten des alten Textes orientieren und sie skizzenhaft zu erläutern versuchen.

HERR. Im Jesusgebet wird mit HERR Christus bezeichnet. Jesus Christus ist der HERR, der Gottessohn, die Mensch gewordene Kraft Gottes. Als der Jünger Thomas seine Hand in die Wunde des Auferstandenen legt, erkennt er, dass Jesus der Christus ist. Er redet ihn an mit den Worten: »Mein HERR und mein Gott!« (Johannes 20,28). In der Tradition versteht man diesen Satz als Bestätigung der Aussage Jesu: »Ich und der Vater sind eins.« (Johannes 10,30)

Zum Gottesnamen in der hebräischen Bibel. Der sich Mose im brennenden Dornenbusch offenbarende Name Gottes lautet im Hebräischen JHWH – in der Übersetzung bedeutet dieses: »Ich bin, das ICH BIN« beziehungsweise: »ICH BIN, das ich sein werde.« ICH BIN das ewig Gegenwärtige, das ewig Seiende, das ewig Werdende, der Raum und die Zeit, das Vergangenheit und Zukunft umfassende Gegenwärtige, A und O, Anfang und Ende: das Werdesein. – JHWH kann also als Umschreibung für das Allumfassende, Unbegreifliche und Ganze verstanden werden.

Bis in die ersten Jahrzehnte nach der babylonischen Verbannung wurde Gott mit diesem Namen auch angerufen. Bei der Aufarbeitung der Frage, was zu der Zerstörung Jerusalems im Jahr 587 vor Christus geführt hatte, gab es in Israel einflussreiche Gruppen, die zu der Antwort kamen: »Wir haben unser Versprechen Gott gegenüber nicht eingehalten, wir sind untreu gewesen. Das darf nie wieder geschehen.« Die Verbannung nach Babylon und die Zerstörung Jerusalems wurde in Zusammenhang mit dem Missachten des zweiten Gebotes gelesen: »Du sollst den Namen deines Gottes nicht missbrauchen.« (2. Mose 20,7). So kam man zu dem Schluss: »Wenn wir den Namen überhaupt nicht mehr aussprechen, werden wir ihn auch nicht missbrauchen.« Es wurde heiliges Gesetz, den Namen JHWH nicht mehr auszusprechen. Stattdessen sagte man *adonaj* (HERR) oder *ha-schem* (der Name) oder *elohim* – (Gott) oder *ha-schamajim* (die Himmel). Entsprechend diesem Brauch hat bereits die griechische Übersetzung der Hebräischen Bibel, die Septuaginta, *adonaj* mit *kyrios* (Herr) wiedergegeben. Und heute wird in modernen Bibelausgaben der Name JHWH mit HERR wiedergegeben, damit der Leser erkennen kann, hier steht im Urtext JHWH.

Wenn wir Christus, den HERRN, als den Sohn Gottes anrufen, rufen wir also schon semantisch gleichzeitig Gott, den Vater an.

Dass gerade bei vielen Frauen das Wort HERR eher negative Assoziationen auslöst, ist verständlich. Zu lange und zu schmerzhaft hat ein patriarchal dominiertes Christentum die zerstörerische Seite eines personalen und strafenden Gottesbildes verkündigt, dem heute nur noch wenige nachfolgen können und mögen. Dieses alte, immer noch verbreitete und moralisch verzerrte Bild hat vielfach dazu geführt, dass sich spirituell suchende Menschen von der Institution Kirche abwenden und sich an anderen Traditionen oder spirituellen Wegen orientieren, die nicht nur authentischer und attraktiver erscheinen, sondern sich auch in ihrem Gottesbild offener und zeitgemäßer präsentieren.

Jesus Christus, Sohn Gottes. Jesus von Nazareth war ein aramäischer Wanderprediger jüdischer Herkunft. Der Name Jesus erklingt in der aramäischen Muttersprache als *Jeshua* oder *Joshua*. Ins Griechische übersetzt, der Sprache der Evangelien, lautet dieser Name *Josua*, und von seiner Bedeutung her wird er mit *Gott rettet* übersetzt und interpretiert.

Jesus wurde von seinen Anhängern als der heilsbringende *Christus* identifiziert. Das Wort *Christus* kommt ursprünglich aus dem Griechischen (*christos)* und wird mit *Gesalbter* übersetzt. Es ist die griechische Übertragung des hebräischen Wortes *Messias*. Die frühen Christinnen und Christen bekannten Jesus als Christus und erkannten in ihm den erwarteten und verheißenen Messias. Jesus, der Gekreuzigte und Wiederauferstandene, ist für sie der Gottessohn, der Erlöser der Welt und der Überwinder des Todes.

Mit der Bezeichnung Christus wird also eine verwirklichte Bewusstseinsform des Menschen Jesus beschrieben. Er ist der neue Mensch, das neue Sein. Der alte Adam in ihm ist als Jesus gestorben und das gottebenbildliche Sein in ihm ist als der Christus sichtbar geworden.

Jesus war sich, das erzählen die Evangelien, dessen bewusst und konnte sich aus dieser Erkenntnis heraus als Gottes Sohn, als ganzer Erbe zu erkennen geben. Jesus nimmt für wahr, dass das, was durch ihn hindurchtönt, spricht und wirkt, der Alles umfassende Gott ist. Durch seine äußere Person hindurch erklingt auf dem Instrument seines irdischen Körpers das Lied der Liebe des Vaters – sein universales Christussein. Das irdische Sein ist durch den Lebensstrom der Wirkkraft Gottes belebt. Diese Kraft, Bewegung, Energie, Intelligenz, Schöpfungskraft oder das Wort – wie immer wir es nennen wollen – wurde in Jesus Materie, Fleisch, Mensch. Am Anfang des Johannesevangeliums heißt es: »Und das Wort wurde Fleisch und wohnte unter uns, und wir sahen seine Herrlichkeit, eine Herrlichkeit als des eingeborenen Sohnes vom Vater, voller Gnade und Wahrheit.«

Im Brief an die Kolosser beschreibt der Verfasser Christus als »das Ebenbild des unsichtbaren Gottes, der Erstgeborene vor aller Schöpfung« (Kolosser 1,15). Er sieht in Christus also einen schon vor allen Zeiten existierenden Bewusstseinsaspekt der Schöpfung. Sichtbar, zugänglich und begreifbar geworden in und durch Jesus von Nazareth. Ein Impuls ist in die Welt gekommen, der Sinn und Grund des Seins begreifbar und erfahrbar macht – Christusbewusstsein.

Erbarme dich. Das Wort »erbarmen« ist für viele Menschen mit negativen Erinnerungen und Gefühlen besetzt. Im Deutschen hat »erbärmlich« einen abwertenden Beiklang. Im Urtext der Bibel verweist das Wort, das im Deutschen mit »Erbarmen« wiedergegeben wird, auf das hebräische Wort *rächäm* und bezeichnet den Mutterschoß oder Sitz des Mitgefühls. Es ist der Mutterleib, in dem ein Mensch heranwächst und in dem er geborgen ist. In seiner Deutungsfülle steht es dem Umfangenden, Wärmenden und Gebärenden sehr nahe. Gott als unser Schöpfer umfängt uns mit seinem mütterlichen und barmherzigen Sein und erweckt in uns so die Kraft zu unserem neuen Sein. Der Plural *rachamim* beschreibt das Gefühl, das eine Mutter überfällt, wenn sie ihr neugeborenes Kind schreien hört, und das sie treibt, sich seiner zu »erbarmen«.

In der lateinischen Übersetzung erklingt an dieser Stelle das Wort *miserikordia*. So verstanden, können wir das »erbarme dich« im Jesusgebet im Sinne von: »Gib uns dein Herz; Christus, schenk uns dein Vertrauen, umfange uns, gebäre in uns die Erkenntnis unseres Durchdrungenseins von Gott« interpretieren. Wenn wir um diese Deutungsfülle wissen, mag es vielleicht leichter fallen, die Worte »erbarme dich« zu sprechen.

Meiner. Mit dem Wort »meiner« stellen wir *unser* Menschsein in den Mittelpunkt dieser Anrufung. Wir sind gemeint. Wir sind Lieblingskinder und Erben des Reiches Gottes. So tief können wir unsere Gottesebenbildlichkeit verstehen. Wir sind wertvoll genug, erbarmungswürdig und auserkoren, diese einzigartige Kindschaft zu übernehmen. Wir alle sind gerufen, zu dem zu werden, was wir schon längst sind. Wir können uns im Sprechen unseres Gebets diese Zusage immer wieder in Erinnerung rufen. Dabei möchte sich unser kleines »Ich bin« in das große ICH BIN hinein gebären. Es ist Gottes ganz hingebende Wirklichkeit an uns – es ist unsere ganz hingebende Wirklichkeit an Gott. Den Zugang zu unserem verborgenen göttlichen Sein finden wir in uns. Gottes Wille geschieht um uns, an uns, in uns und durch uns. Wir sind gemeint! Tatsächlich. Einzigartig und kostbar. »HERR Jesus Christus, erbarme dich meiner.«

Der Weg des Herzensgebetes durch die Jahrhunderte

Biblische Ursprünge. Die Gebetsform und die Art und Weise dieser mehr als anderthalb Jahrtausende währenden Praxis und Entwicklung des Herzensgebetes geht im Wesentlichen auf das Neue Testament zurück. Seine Wurzeln reichen aber tief in die alttestamentliche Tradition: »Wer des HERRN Namen anrufen wird, der soll errettet werden« (Joel 3,5). (Vgl. Seite 40 f.)

Weitere biblische Säulen des Herzensgebetes sind einerseits die in den Heilungsgeschichten an Jesus Christus gerichteten Bitten um Hilfe, die zum Heil und zur Ganzwerdung geführt haben (Matthäus 15,22; 20,31; Markus 10,47; Lukas 17,13; 18,13 und 38), und andererseits, die Aufforderung, unablässig zu beten (Lukas 18,1; Epheser 6,18 und 1. Thessalonicher 5,17). Auch der Hinweis, im »stillen Kämmerlein« und mit nur wenigen Worten zu beten, mag wichtige Inspirationsquelle gewesen sein, um diese Frömmigkeit zu entwickeln. »Wenn du aber betest, so geh in dein Kämmerlein und schließ die Tür zu und bete zu deinem Vater, der im Verborgenen ist; und dein Vater, der in das Verborgene sieht, wird dir's vergelten. Und wenn ihr betet, sollt ihr nicht viel plappern wie die Heiden.« (Matthäus 6,6–7)

Auch wenn die Geschichte des Herzensgebetes viele Strömungen und Entwicklungszweige kennt, lassen sich drei große Blütezeiten unterscheiden. Diese drei Phasen waren maßgeblich an der Verbreitung und Entwicklung dieses Frömmigkeitsweges beteiligt und sind bis in die heutige Zeit wirksam. In jeder dieser Phasen gab es bedeutende Lehrerinnen, Lehrer und Heilige, die ihre geistlichen Erfahrungen überlieferten. Diese Erfahrungen wurden über die Jahrhunderte in Schriftform oder von Herz zu Herz weitergegeben. Menschen, die sich heute diesem Weg zuwenden, können glücklicherweise auf eine weitreichende literarische Überlieferung dieser Weisheitstradition zurückgreifen und damit den eigenen Weg bereichern. (Siehe Literaturliste im Anhang.)

Die Wüstenväter und -mütter. In den frühchristlichen Gemeinden gab es einige Menschen, die zogen sich so, wie Jesus es ihnen immer wieder vorgelebt hatte, an einen einsamen und stillen Ort zurück und vertrauten sich der Kraft des Gebetes an. In der ägyptischen Wüste und am Sinai entstand in den ersten nachchristlichen Jahrhunderten eine Vielzahl von Einsiedeleien und Klöstern. Tausende Gottsuchende zog es damals in diese Art der Nachfolge, wie man aus zeitgenössischen Quellen weiß.

Zunächst sind es Psalmverse und kurze Stoßgebete oder auch Bitten um Hilfe und Vergebung, die sie beteten. Allmählich gewinnt der Name »Jesus« in diesen Gebeten eine beherrschende Stellung. Im 6. Jahrhundert findet sich erstmals die geläufige Formel: »HERR Jesus Christus, erbarme dich meiner.«

In diesem Zeitraum entstanden zahlreiche Weisheitsgeschichten und Lehrsätze, die sich auf die Praxis dieses Weges beziehen. Gesammelt finden sich diese sogenannten Vätersprüche zum Beispiel in dem Buch: *»Weisungen der Väter – Apophthegmata Patrum«* (Paulinus Verlag, Trier 2005).

Die Mönche vom Athos. Etwa vom 12. Jahrhundert an beginnt auf dem Berg Athos in Griechenland die zweite große Blütezeit des Jesus-Gebetes. Es entsteht eine große Anzahl von orthodoxen Klöstern, die bis in die heutige Zeit wirken. Die mit dieser Gebetsform verbundene Bewegung erhält schon sehr früh den Namen »Hesychasmus«. Sie entwickelt eine Methodik und Praxis, die bis heute Spuren hinterlassen hat. Der byzantinische Hesychasmus steht für eine Spiritualität, die wesentlich auf die Schau ausgerichtet ist und Gelassenheit und Reinheit des Herzens als Voraussetzung für die Gotteinung anstrebt. Die anzustrebende *hēsychia* ist die Ruhe des Herzens, das allein gnadenhaft zu erlangende Ziel der geistlichen Lebensgestaltung. Thomas Keating, ein amerikanischer Zisterziensermönch, schreibt über die Herzensruhe: »Wenn dieses Gebet zur zweiten Natur geworden ist, scheint unser Inneres von einer geheimnisvollen, ewig gleichen, friedvollen Gegenwart erfüllt zu sein. Manche sagen, sie haben das Gefühl, dass Gott in solchen Menschen lebe. Diese ständige stille Gegenwart, die sich immer einstellt, wenn sie sich zum Gebet niederlassen, wird zu ihrer Gebetsmethode.« (Thomas Keating, *Das Gebet der Sammlung*)

Die Überwindung der Leidenschaften, die Erlangung der Tugenden und die Erfüllung der Gebote, verbunden mit einer asketischen Lebensführung, sind Wegschritte der hesychastischen Ausrichtung. Die Anrufung des Namens *Jesus Christus* rückt nun ganz in den Mittelpunkt und wird durch das stille Sitzen und die Betonung der Atemkontrolle ergänzt. Selbst die Einflussnahme auf die Rhythmisierung des Herzschlags mit dem heiligen Wort wird uns aus dieser Phase überliefert. Für den Anfänger und alleine praktizierenden Beter wird von dieser Technik heutzutage abgeraten. Wenn überhaupt, sollte sie nur unter erfahrener Anleitung praktiziert werden.

Russland, Ende des 18. Jahrhunderts. Das Jesus-Gebet gelangte schon im 12. Jahrhundert vom Sinai über den Athos nach Russland und erhielt dort im 16. Jahrhundert und im 18. Jahrhundert starke Impulse, welches zu einer großen Blütezeit am Ende des 18. Jahrhunderts führte. Hier findet die dritte große Epoche des Herzensgebetes einen fruchtbaren Nährboden. Ein umfangreiches Sammelwerk, die *»Philokalia«* (Tugendliebe), erschien 1782 in Griechenland, wurde kurze Zeit später ins Slawische und andere europäische Sprachen übersetzt und hatte großen Einfluss auf die Verbreitung des Jesusgebetes in Russland. Das mehrbändige Werk versammelt Erfahrungen mit dem Herzensgebet von dreißig »Vätern« des christlichen Ostens aus der Zeit vom 3.–15. Jahrhundert. Alle Texte beschäftigen sich im Grunde mit der Vergöttlichung des Menschen. Es geht um die Übung des Gebetes, die Überwindung der Leidenschaften und die Erlangung der Tugenden, die damit verbundene Lebensführung und die mystischen Erfahrungen, die dem ernsthaft Betenden widerfahren.

Seit 2004 gibt es auch eine umfassende deutsche Übersetzung, sodass es auch in unserem Sprachraum endlich einen Zugang zu diesen von tiefem Erfahrungswissen geprägten mystischen Texten gibt.

Ende des 19. Jahrhunderts erschien in der russischen Stadt Kasan ein Buch mit dem Titel *»Die aufrichtigen Erzählungen eines russischen Pilgers«*. Es handelt sich um einen lebendigen, anschaulichen und meist spannend zu lesenden Erfahrungsbericht über die verwandelnde Kraft des Jesusgebetes. In Deutschland wurde dieser Titel erstmalig 1925 veröffentlich und erlebt seitdem immer wieder neue Auflagen. In zahlreiche europäische und außereuropäische Sprachen übersetzt, hat dieses Buch inzwischen die Welt erobert.

Gegenwart. Heutzutage eröffnet das Herzensgebet suchenden Menschen einen über Jahrhunderte erprobten christlichen spirituellen Weg. Das mantrische Gebet erlebt derzeit eine neue Blütezeit und hat einen bedeutenden und festen Platz in der christlichen Spiritualität der Gegenwart. Der Altabt Emmanuel Jungclaussen, der Jesuitenpater Franz Jalics oder mein Herzensgebetslehrer Franz-Xaver Jans-Scheidegger, Initiator der Via Cordis-Weggemeinschaft, sind an dieser Stelle unbedingt zu nennen. Neben anderen können sie als die Gründerväter einer neuen Bewegung in Deutschland bezeichnet werden, die es sich zur Aufgabe gemacht haben, das orthodox geprägte Herzensgebet als interkonfessionellen spirituellen Schulungsweg für die heutige Zeit bekannt zu machen. Besonders der von Franz-Xaver Jans-Scheidegger geprägte Weg des Herzens scheint geeignet zu sein, um viele Menschen anzusprechen. Das Herzensgebet in der Tradition der Via Cordis berührt durch seine ökumenische Offenheit, methodische Vielfalt und psychologische Tiefe und bietet eine bewährte Grundlage zur Entfaltung einer neuen Herzensbildung und Herzenskultur im persönlichen Leben und in der Gesellschaft. Im europäischen Raum ist diese zeitgemäße Fortführung der Herzensgebetstradition einmalig. Die Zahl der erfahrenen Herzensgebetslehrerinnen und -lehrer, die auf eine langjährige gründliche Praxis zurückblicken können, nimmt erfreulicherweise stetig zu und kann damit Antwort auf die steigende Nachfrage geben.

Drittes Kapitel
Von der Reise mit dem Herzensgebet – Betrachtungen

Es gibt keinen heiligen Augenblick,
denn jeder Augenblick ist heilig.
Gitta Mallasz

Jetzt ist die Zeit für dein Gebet

Wann ist der rechte Augenblick für mein Gebet? An welchem Ort entfaltet das Gebet seine größte Kraft? Welche Rolle spielt das Gegenwärtigsein beim immerwährenden Gebet? Wie kann ich mich ganz auf diese ununterbrochene Anbetung ausrichten? Diese Fragen haben mich immer wieder beschäftigt, bis eines Morgens während einer morgendlichen Meditation ganz deutlich ein Satz in meinem Bewusstsein erschien: »Jetzt ist die Zeit für dein Gebet.« Ganz klar und einfach. Augenblicklich konnte ich innerlich die ganze tiefe Bedeutung und Dimension dieser Aussage erfassen. *Jetzt* ist die präziseste und vollkommenste Zeitangabe, die wir bekommen können. Es ist wahrscheinlich die am allgemeinsten formulierte und immer gültige Zeitangabe für unsere Tätigkeit des Betens im Herzen. Wann sollen wir beten? Jetzt.

»Seid allezeit fröhlich, betet ohne Unterlass«, schreibt Paulus (1. Thessalonicher 5,16). Von dieser Aussage fühlten sich die Wüstenmütter und -väter, die großen Beter der apostolischen Zeit, angesprochen. Ohne Unterlass zu beten erschien verheißungsvoll und wurde für sie zur Reifeprüfung und Erfahrung, die sie in die umfassende Verwandlung ihres Wesens und in die Begegnung mit Gott geführt hat. Auch eine alttestamentliche Spur drückt diese immerwährende menschliche Sehnsucht nach dem Göttlichen aus: »Von Herzen verlangt mich nach Dir des Nachts, ja, mit meinem Geist suche ich Dich am Morgen.« (Jesaja 26,9) Dort, auf dem Grund ihres Seins, haben sie das Sein der einen Gottheit erfahren und geschaut. Oder, wie es Meister Eckhart einige Jahrhunderte später auf den Punkt bringen wird: »Wer kommen will in Gottes Grund, in Sein Innerstes, muss zuvor kommen in seinen eigenen Grund, in sein eigenes Innerstes, denn niemand kann Gott erfahren, er/sie muss zuvor sich selbst erfahren.«

Das Gebet des Herzens ist keine zu erbringende Leistung oder Verpflichtung, es ist ein immerwährender Weg, der das eigene Sein in Beziehung zum göttlichen Sein setzt. Es ist ein Aufmerken auf das eigene Ich, und von dort ausgehend ein Aufmerken zu meinem Nächsten, dem Ich in dem anderen – dem Du. Diese empfangende und sendende Verbindung mit dem Göttlichen können wir immer praktizieren. Nicht *dann* und *dort*, sondern *immer* und *ohne Unterlass* sind die zutreffenden Umschreibungen für den rechten Zeitpunkt – für die Hinwendung zu dem göttlichen Geheimnis der Liebe. Dieses *immer* ist eine großartige Dimension des Ewigen, die vollständig und im Jetzt gegenwärtig ist.

In dem Klassiker der Herzensgebetsliteratur *»Die aufrichtigen Erzählungen eines russischen Pilgers«* finden wir einen Auszug aus den Unterweisungen des Petrus Damascenus: »Man muss es lernen, mehr den Namen Gottes anzurufen, als zu atmen, zu jeder Zeit, allerorten und bei jeder Verrichtung. Der Apostel Paulus sagt: ›Betet ohne Unterlass‹, das heißt, er lehrt, man solle zu jeder Zeit, allerorten und bei jeder Verrichtung Gottes gedenken. Wenn du etwas tust, sollst du den Schöpfer aller Dinge in der Erinnerung haben; wenn du das Licht siehst, so erinnere dich dessen, der es dir geschenkt hat; siehst du den Himmel, die Erde, das Meer und alles, was darinnen ist, so staune und preise ihn, der das geschaffen hat; wenn du dir deine Kleider anziehst, so denke daran, wessen Gabe sie sind, und danke ihm, der für dein Leben sorgt. Kurz gesagt, eine jegliche Bewegung soll dir Anlass geben, Gottes zu gedenken und ihn zu preisen. Alsdann wirst du unablässig beten, und deine Seele wird sich hierüber immer freuen. – Da seht nun, wie bequem es ist, also unablässig zu beten. Es ist leicht und für jeden erreichbar, der, wenn auch nur ein wenig, menschliches Fühlen hat.«

Das Jetzt ist nicht nur eine Zeit-, sondern auch immer eine Ortsbestimmung: Hier ist der Ort, an dem Heil geschieht, in diesem Lebensraum, in dieser Umgebung, in diesem Haus, an diesem Fleck, den wir in uns als unser wahres Sein von Augenblick zu Augenblick erfahren können, ist das göttliche Geheimnis ganz anwesend. Wenn wir sagen: »Ich bin jetzt ganz da«, meinen wir damit auch den Boden, auf dem wir uns jetzt gerade befinden. Der amerikanische Mönch und Mystiker Thomas Merton schreibt: »Alles, was geschieht, ist heilig.« Ein jeder Augenblick, ein jeder Ort ist heilig. In aller Zeit und über dem All – also allezeit und überall. Ewig. Wie befreiend und erleichternd, nicht auf ein Jenseits warten zu müssen, sondern alles, was geschieht, als Heilsgeschehen betrachten und annehmen zu können. Die Ewigkeit ist schon da – in jedem Hier und in jedem Jetzt. Das Reich Gottes ist hier und jetzt, und es geschieht durch uns.

Selbstliebe. Das größte Hindernis auf dem Weg zu dem Bewusstsein, das Reich Gottes als gegenwärtig zu begreifen, ist vielleicht, uns selbst in unserem ganzen Sein, so wie wir jetzt sind, anzunehmen.

Liebe ich mich wirklich? Kann ich mich ganz annehmen? In allem, was mir widerfährt, was ich an mir entdecke, was ich in mir nicht mag und ablehne? Erst dort, am Ort der Unvollkommenheit und des Leidens, muss sich die Kunst der Selbstannahme bewähren. In dem Annehmen unseres ganzen Seins können wir uns in das eine ICH BIN entspannen – in unsere Christusnatur. Diese Christusnatur ist ungetrennt von Gott, der allumfassende Liebe ist. »Jetzt ist die Zeit für dein Gebet« steht auch für ein immer wieder neues Hineinwachsen in die alles durchströmende Liebe. Wenn das Heilvolle in uns immer mehr Raum und Kraft erhält, kann es von dort aus weiterstrahlen – in unsere Umgebung, zu unseren Nächsten, hinein in die Welt.

Das Symbol des Kreuzes. Im Symbol des Kreuzes findet dieses »Jetzt« seine grafische und symbolische Mitte an der Stelle, an der sich die beiden Achsen begegnen. Sie stehen für die Berührung, das In-eins-Sein von Himmel und Erde. In ihm können wir »mit allen Heiligen begreifen, welches die Breite und die Länge und die Höhe und die Tiefe ist, auch die Liebe erkennen, die alle Erkenntnis übertrifft, damit wir erfüllt werden mit der ganzen Gottesfülle« (Epheser 3,18). Wenn wir mit unserem Bewusstsein in dem ewigen Augenblick des Jetzt verweilen, folgen wir – bildlich gesprochen – der einstimmigen Melodie, die uns in Zeit und Raum als Lebensweg eingeschrieben ist. Diese Melodie ist die sichtbare Klangform unseres geschichtlichen und

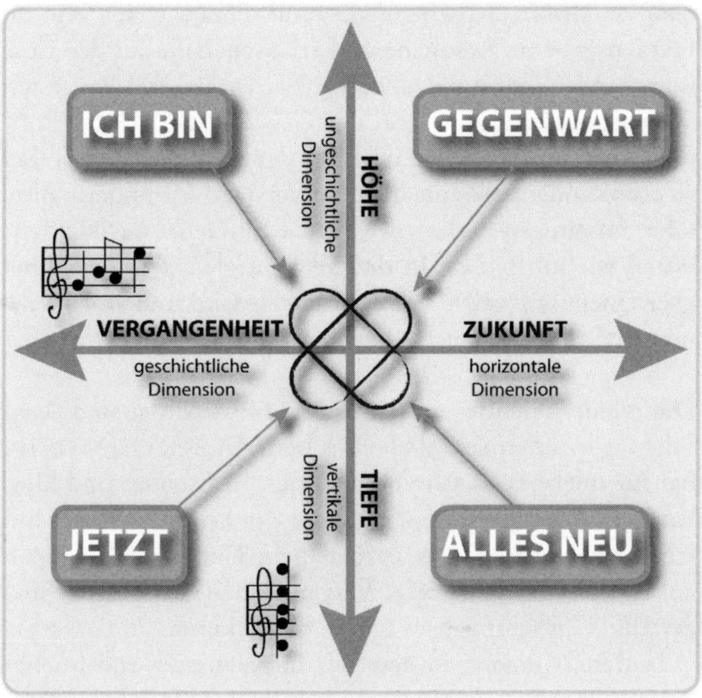

Die Dimension des Kreuzes im Jetzt

irdischen Verwobenseins, die in der Kreuzesgestalt die horizontale Linie repräsentiert. Die Höhen- und Tiefentöne, die himmlischen Ober- und die Unterstimmen unseres Lebens fügen sich zu einem Gesamtklang unseres Daseins und repräsentieren in der Symbolik des Kreuzes die vertikale Linie. So vereinigen sich die allumfassenden Komponenten unseres Lebens zu einem akkordischen mehrstimmigen Harmoniegefüge, das als Lebenssinfonie im Jetzt erfüllend schwingt. Nicht umsonst scheint die Wendung »zum Herzen!« (lat. *Ad cor)* im Wort Akkord auf und betont darin die Herzensqualität unseres Lebens-mehr-klanges.

Im Gebet kann sich uns die Tür zu diesem Klang-Raum öffnen. Zu diesen Schwingungen und Tönen treten wir im Herzensgebet in Resonanz und erlauschen die aus der Tiefe kommenden harmonikalen Strukturen unserer innersten Wesensgestalt. Auch wenn ein Gebet Dank, Klage, Lobpreis oder Bitte beinhalten kann – das kontemplative Gebet ist etwas anderes als eine mit dem Verstand formulierte Bitte oder ein innigst ersehnter Wunsch. Im Gebet des Herzens bitten wir um nichts. In diesem Sinn gleicht unser Gebet eher einem hörenden Bewusstseinszustand und ist eine innere Haltung und lauschende Ausrichtung. Ohne Warum.

Die wiederholende und einfache Hinwendung und Ausführung meines persönlichen Gebetes JA, ICH BIN DEIN hat für mich etwas sehr Befreiendes, Erlösendes und Heilendes. Im wiederholten Sprechen des heiligen Wortes bin ich augenblicklich raus aus meinem Gedankengeplapper, aus meinem Hängen in der Vergangenheit, aus meinen Sorgen und Erwartungen an und in die Zukunft.

In dem Moment, in dem wir in bewusster und wacher Aufmerksamkeit diesen Satz JA, ICH BIN DEIN oder ein anderes Herzensgebet denken oder sprechen, sind wir für die Sorgen oder Ängste, die uns permanent beschäftigen, nicht mehr verfügbar. Gesammeltes Bewusstsein kann immer nur eines. Entweder es betet oder es ist mit anderem beschäftigt. Für unser ständig aktives Bewusstsein ist das in die Herzensruhe führende Gebet geradezu eine unerhörte Provokation. Es braucht uns nicht zu verwundern, wenn unsere Geisteskräfte sich mit Händen und Füßen dagegen wehren und wir immer wieder aus der Sammlung fallen. Wenn wir dennoch dem Gebet treu bleiben, kann uns das kontemplative Gebet verwandelnd befreien.

Siehe, jetzt ist die Zeit der Gnade, siehe, jetzt ist die Zeit des Heils. (2. Korinther 6,2) Auch in diesem Vers leuchtet etwas auf von der Bedeutung der Gegenwart als heilsbringende und gnadenreiche Wirklichkeit. Wenn in diesem Zusammenhang zweimal das Wort *siehe* steht, dann ist dieser Umstand wie eine Aufforderung, etwas genauer hinzusehen und hinter den vordergründig erscheinenden Sinn des gewohnten Verstehens zu schauen. Einmal den Blick rauswerfen aus dem nur Zeitlichen und hinein in das Ewige schauen und von dort her etwas Neues wahrnehmen. Wir können in eine ursprüngliche Tiefe schauen, in der sich das äußere Sehen in ein inneres Erkennen und in eine innere Erkenntnis verwandelt. Ein neues Sehen ist von uns gefordert, um die Gegenwart als heilvolle und gnadenreiche Zeitangabe zu begreifen. Eine Herzensschau, der wir vertrauen können und von der wir Kraft erhalten.

Jean Gebser beschreibt das ursprüngliche Aufstrahlen des Göttlichen in der Gegenwart als Bezeichnung für eine allumfassende Zeitangabe mit Anfang, Ende und Zukunft, die sogar über das Jetzt, als Begriff für Gegenwart, hinausreicht: »Der Ursprung ist immer gegenwärtig. Er ist kein Anfang, denn aller Anfang ist zeitgebunden. Und die Gegenwart ist nicht das bloße Jetzt, das Heute oder der Augenblick. Sie ist nicht ein Zeitteil, sondern eine ganzheitliche Leistung, und damit auch immer ursprünglich. Wer es vermag, Ursprung und Gegenwart als Ganzheit zu Wirkung und Wirklichkeit zu bringen, sie zu konkretisieren, der überwindet Anfang und Ende und die bloß heutige Zeit.« (Jean Gebser, *Ursprung und Gegenwart*)

Des Weiteren weist uns das zitierte Wort aus der Bibel darauf hin, dass die Erfahrung der Gegenwart ein Ausdruck der Gnade ist. Gnade ist ein wenig verwendetes Wort, das häufig Unverständnis oder Widerstand hervorruft. Es gibt Menschen, die unter Gnade etwas Unverdientes und Unberechenbares verstehen. Herablassend und in gewisser Weise demütigend widerfährt uns Gnädiges. Unvorhersehbar und willkürlich. Wir sind der Gnade ausgeliefert, und sie widerfährt uns. Gnade geschieht für diese Menschen wie ein zwar heilvolles Geschehen, welches aber außerhalb von uns, von einem unbegreiflichen Gott gelenkt und gesteuert wird und auf das wir keinen Einfluss nehmen können und dürfen. Das stimmt auch – doch Gnade umfasst noch mehr.

Bei dem 1988 verstorbenen chassidischen Mystiker Friedrich Weinreb lässt sich nachlesen, dass in der hebräischen Sprache das Wort »umsonst« und das Wort »Gnade« aus dem gleichen Wortstamm kommen. Gnade ist demnach *Gabe umsonst*. Ohne eine Gegenleistung. Nicht ich gebe dir etwas und du gibst mir dafür etwas, sondern freies Geben, ohne Warum. Einfach so. Gnade ist das Anerkennen des umsonst gegebenen Miteinanderseins der ursprünglichen einen Schöpfung. Als teilhabender und teilseiender Mensch an diesem wunderbaren Mysterium können wir uns dessen bewusst werden. Als »Begnadete« empfangen wir Gnade und als »Gnädige« geben wir Gnade weiter. Gnade ist immer da.

Auch unser Gebet und unsere Gebetszeit können wir auf dieses »umsonst« hin erweitern. Jeder Augenblick, den wir bewusst als Geschenk der Gnade empfangen, möchte uns erinnern, die Zeit unseres Gebetes Gott zu schenken oder zu weihen. Ebenso umsonst und ohne etwas dafür zu erwarten. Gnade ist die Erkenntnis und Annahme der Einheit allen Seins. Darauf stimmen wir uns im Gebet des Herzens ein. Wenn wir den Begriff der Gnade als einen Begriff des immerwährenden und gegenwärtigen Wirkens der einen Kraft der Liebe auffassen und immer wieder neu in unser Alltagsbewusstsein integrieren, kann schrittweise ein harmonisches Miteinander unserer Lebenszusammenhänge sichtbare Gestalt annehmen. Unser gesamtes Leben, jeder Augenblick und jedes Ereignis darin, kann dann zu einer Zeit der Gnade werden, die wir von Moment zu Moment umsonst empfangen, die wir durch uns wirken lassen können und weitergeben. Zeit, um die Fülle des Lebens und Freude zu empfinden. Gnadenzeit, um die Weisheit, die allem Geschaffenen innewohnt, wahrzunehmen.

»Jetzt ist die Zeit für dein Gebet.« An diese Wirklichkeit können wir uns immer wieder erinnern, wenn wir in unserem Gebet abgelenkt werden. Dieser Satz ruft uns zurück in die Aufmerksamkeit auf die ursprüngliche Gegenwärtigkeit des Wirkens der heiligen Einheit. Auch das Wort des Mystikers Franz von Sales möchte uns in allen nur erdenklichen Lebenssituationen an die Wiederaufnahme der Übung unseres inneren Gebetes erinnern: »Wenn dein Herz wandert oder leidet, bring es behutsam an seinen Platz zurück und versetze es sanft in die Gegenwart unseres Gottes. Und wenn du in deinem ganzem Leben nichts anderes getan hast, als dein Herz wieder an seinen Platz zurückzubringen und in die Gegenwart unseres Gottes zu versetzen, obwohl es jedes Mal wieder fortlief, nachdem du es zurückgeholt hattest, dann hast du dein Leben wohl verbracht.«

ER ist innen und ER wartet

Die nachfolgende Betrachtung zu den uns vertrauten Worten *erinnern* und *erwarten* möchte weit mehr als nur ein einfaches Wortspiel sein. In der horizontalen Wahrnehmung unseres irdischen Daseins erleben wir Zeit in einer Dimension, die sich geschichtlich ausgestaltet und linear verläuft. In dieser Perspektive sind uns *Erinnerung* und *Erwartung* bestens vertraut. Wir beschäftigen unser Bewusstsein ständig mit einer dieser beiden Wahrnehmungsweisen. Entweder schwelgen wir in der Erinnerung an etwas oder wir verweilen in der Erwartung auf etwas. Idealisierungen und/oder Dämonisierungen gehen dabei Hand in Hand. Diese Gedanken sind entweder positiv mit Freude und Lust besetzt oder sie werden negativ erfahren und lösen Ängste und Sorgen in uns aus.

Jenseits der Zeit – aus der Perspektive des Ewigen, also der vertikalen Wirklichkeit unseres Lebens – erscheint die Sichtweise etwas anders. Vom Ewigen her gesehen, lauschen wir mehr auf den hintergründigen Sinn dieser Worte und können vielleicht etwas von dem Klang des Heiligen vernehmen: »ER ist innen und ER wartet.« Was könnte das bedeuten?

Die kontemplative Tradition des wiederholenden Gebetes ist ein Weg, der innerhalb der christlichen Tradition der esoterischen Strömung zugeordnet wird. Esoterik meint, von dem griechischen Wort *esoterikós* »innerlich« – »von innen herkommend«, eine bestimmte Weise sich dem göttlichen Geheimnis anzunähern. Das Pendant dazu ist die, von äußeren Zugängen geprägte exoterische Spiritualität. Exoterisch leitet sich von dem griechischen Wort *exoterikós* her und bedeutet so viel wie »von außen kommend«. Die exoterische Spiritualität versucht, von außen kommend das Kernanliegen des Christentums zu erfassen, die esoterische Spiritualität begegnet dieser Seinswirklichkeit vom Inneren herkommend. Der Exoteriker orientiert sich vorwiegend an Formen und Dogmen, an Ritualen und festgelegten institutionellen Traditionen, während der Esoteriker einen Weg beschreitet, auf dem das Göttliche innerlich erfahren werden möchte. Exoterische und esoterische Spiritualität sind nicht voneinander zu trennen. Das Äußere wirkt nach innen und das Innere wirkt nach außen.

Der hier dargelegte Weg des Herzens ist in der beschriebenen Deutung primär als ein esoterischer Weg zu sehen. Ein Weg, der über die Er-innerung an das Wirkliche und Unveränderliche in uns unsere wahre Seinsnatur zunächst im Innersten sichtbar und erfahrbar werden lässt. Auf dem esoterischen Weg geht es einerseits um das Leerwerden, das Vergessen und das Ablegen der gewohnten Weise und andererseits um das Raumschaffen für Neues. Freigelegt und einsehbar kann sich in uns eine neue Wirklichkeit ausbreiten und ein neues befreites Erinnerungs- und Erwartungsbewusstsein für das Göttliche entfalten. Wenn wir unsere Zeit darauf ausrichten, dass ER innen ist und ER auf uns wartet, kann in uns die unveränderliche Wirklichkeit in aller Veränderlichkeit und Vergänglichkeit aufleuchten.

In der Kabbala, der mystischen Tradition des Judentums, gibt es ein Synonym für die »Einwohnung« des gegenwärtigen Gottes in seinem Volk Israel: *Schechina.* In der mystischen Weiterführung dieses Namens wird damit die Heimstatt Gottes bei den Menschen bezeichnet. In der christlichen Tradition nimmt diesen Platz der gegenwärtige Christus ein. Christus ist das ewig präsente Wort, das Fleisch wurde und in uns Heimat genommen hat. Wort bezeichnet in dieser Weise den im Prolog des Johannesevangeliums formulierten Aspekt der göttlichen Wirklichkeit als ewige Weisheit: »Im Anfang war das Wort, und das Wort war bei Gott, und das Wort war Gott.« (Johannes 1,1)

Das ist ER, der eine Gott, den es zu erinnern gilt. Dieses ER ist weder männlich noch weiblich zu verstehen. Es ist die allumfassende Präsenz des Einen. Diese *Schechina*-Christuspräsenz ist die allem innewohnende heilige Seinsqualität, und genau diese gegenwärtige Verortung des Göttlichen in der Zeit- und Raumdimension gilt es zu erinnern.

Diesen im Irdischen wirkenden, gestaltgebenden und alles umfassenden Sinnzusammenhang haben die meisten Menschen vergessen, aber er kann in unserem Innersten wieder entdeckt werden. Der Weg des Herzens kann eine unser ganzes Leben umfassende »Er-innerung« des Göttlichen sein. Auch in der mystischen Sufi-Tradition des Islam wird dem sogenannten »Polieren des Herzens«, dem Gotteserinnern, eine essenzielle Bedeutung beigemessen. Im Sufismus heißt das Herzensgebet *Dhikr* (auch Dhikrullah, wörtl.: »Gedenken an Gott«; Zikr oder Sikr) und ist gekennzeichnet durch die immerwährende Anrufung der heiligen Gottesnamen Allahs.

Alle Menschen tragen tief in sich eine nicht verlöschende Sehnsucht nach Gott, nach der Heimat, die wir in Gott haben. Sie ist der wirkmächtigste Motor, das Vergessene wieder zurückzuerobern, sich zu erinnern. Diese Erinnerung bezieht das ganze Innere unseres Menschseins mit ein, insbesondere unser Herz als Mittelpunkt unseres Lebens, Sitz der Gefühle, der Seele und des Geistes. Ganz analog dazu gibt es im Lateinischen das Wort *recordatio* – die Erinnerung als Gefühlsereignis. Nicht von ungefähr bildet das Wort *cor* = Herz den Wortstamm von *recordatio*. Mit dem ganzen Leib, mit den ganzen Gedanken, Gefühlen und Empfindungen möchte die Gotteswirklichkeit in uns zurückerinnert und wiederentdeckt werden. Der Sitz des Lebens ist in unserem Herz, in der Mitte unseres Seins gegenwärtig. In ihm schlägt das Herz allen Lebens, das unserem Leben Sinn gibt. Gott, die heilige ursprüngliche Gegenwart, *ist* unsere einfache und komplexe, banale und aufregende, schmerzhafte und lustvolle, langweilige und beglückende

Lebenswirklichkeit und das immer gegenwärtige höchste geistige Potenzial. Gott ist das Herz des Lebens. Die manchmal gespürte Fülle und der manchmal erahnte Sinn unseres Lebens üben wie ein stilles Gesetz eine unwiderstehliche Kraft aus. Sie möchten uns inspirieren, damit wir dieser Ahnung folgen und ihr treu bleiben. Und wir können den Auftrag vernehmen, zu dem diese innere Stimme uns herauslocken möchte. Diese Erinnerung gleicht einer Verpflichtung und möchte in unserem ganzen Leben sichtbar werden. Es reicht nicht aus, die Erinnerung ahnungsweise wahrzunehmen und gleich einem verloren gegangenen Schatz eine unbestimmte Sehnsucht über die unerreichbare Fülle zu spüren. Erst unsere Gefolgschaft zur Erfüllung des Rufes zum verantwortlichen Handeln in der Welt kann die Tiefe unseres göttlichen Erwachens bezeugen. Diese Schatzsuche erfordert unsere ganze Entäußerung und hingebungsvolle Umsetzung, damit die innewohnende Christuspräsenz sichtbar und wirksam werden kann – in uns, für uns und für andere.

Der Psychotherapeut, Zenlehrer und Begründer der initiatischen Therapie Karlfried Graf Dürckheim spricht in seinem Buch »Erlebnis und Wandlung« bezüglich der verloren gegangenen Ganzheit von einem *inständlichen Bewusstsein*, dessen sich der Mensch inne wird und dessen er sich er-*innern* kann. Instandsetzend, also heil werdend, wird das Getrennte in uns verbunden und wieder in unsere ursprüngliche Ganzheit zurückgeführt. Es ist die Wieder-in-eins-Setzung unseres ursprünglichen Zustandes. Diese Wieder-in-eins-Setzung unserer Ganzheit geschieht als ein Erinnerungsprozess, der reflektierend und Anstoß nehmend unsere innere Wahrheit freilegen kann. Hierbei wird das bisher Verborgene sichtbar und kann dadurch schrittweise in unsere Lebenswirklichkeit integriert werden – ein evolutionäres Werden zu dem unwandelbaren Sein, das wir schon längst sind.

Der spätantike Kirchenlehrer Augustinus (354–430) sagt: »Wende dich nicht nach außen, kehre in dich ein, im inneren Menschen wohnt die Wahrheit.« Im Gebet, in der Beobachtung unseres Seins und in der inneren Ausrichtung geschieht eine Rückkehr zu den wahren Wurzeln unseres Geistes. Diesen Ursprungsgeist finden wir zunächst in unserem Inneren. Die Beobachtung, Sammlung und Zentrierung unseres zerstreuten Geistes ist die Voraussetzung, um zu der Erkenntnis des heiligen inneren Geistes zu gelangen. Von dort kann sich die Einsicht in die Geistdurchdrungenheit auch des Außen erschließen.

Die »Heimstatt« des Göttlichen umfasst die sichtbare und die unsichtbare Welt. Das Konkrete und das Abstrakte. Das Formlose und die Form. Unser geduldiges, kindlich treues und manchmal etwas mühseliges Beten kann großen Einfluss auf unser inneres Gewahrsein ausüben. Mit ihm können sich uns die Türen in einen Wahrnehmungsraum öffnen, in dem das Christusgeheimnis in uns durchscheinender werden möchte. Dieser Geist des Christus ist innen erfahrbar und erwartet uns im Außen. »ER ist innen. ER wartet.« Ewig sich wandelnd und fortschreitend. Niemals gleich. Ewig neu. Gegenwärtig in jeder Raum-Zeit-Wirklichkeit, die wir erleben können. Es braucht unser suchendes und bittendes Vertrauen und die Gewissheit, dass wir von Ihm sicher gefunden werden. »Denn wer da bittet, der empfängt; und wer da sucht, der findet; und wer da anklopft, dem wird aufgetan.« (Lukas 11,10) Für uns kann diese Art der Erinnerung und Erwartung wie eine Heimkehr aus dem Land unserer Selbstentfremdung und Zerstreuung in eine Heimat sein, in der unsere Sehnsucht tiefste Erfüllung findet. ER – diese Gott-Christus-Wirklichkeit kann uns vollkommen erfüllen. Sinnvolles Leben ist eingebettet in die Erfahrbarkeit dieser Fülle des Lebens in Gott. Unsere freie Rückkehr ist dabei zugleich auch die Erinnerung an die Entscheidungsfreiheit, mit der wir jederzeit zu dem Bewusstsein der Ganzheit unserer ursprünglichen Natur zurückkehren können oder nicht.

Jesus als der Christus spricht in der Offenbarung des Johannes diese Weisheitserkenntnis aus: »ICH BIN das A und das O, der Erste und der Letzte, der Anfang und das Ende.« (Offenbarung 22,13) Diese Wahrheit des Ewigen freizulegen kann der höchste anzustrebende Sinn unseres Lebens sein. Es ist die verloren gegangene Einheit, in die wir zurückkehren und die für uns vorgesehen ist. Wir sind darin wie die verlorene Tochter oder der verlorene Sohn und treten die Heimkehr in das Haus unserer Mutter und unseres Vaters an. In diesem Geh-Heim-nis kann sich unsere tiefste Sinnsuche erfüllen.

Vom Sinn des Bösen

Die Reflexion von Gutem und Bösem ist auf einem spirituellen Weg außerordentlich wichtig und dient der Wahrnehmung und Unterscheidung unseres Handelns und Daseins in der Welt. Das Bewerten, Verdrängen, Abspalten, Anhaften oder Verurteilen des Bösen steht der Ankunft eines neuen Bewusstseins offensichtlich im Wege. Unsere »klebrigen«, eingefahrenen lang erprobten Denkmuster und unsere zerstörerischen Handlungsstrategien sind überholte Überbleibsel eines alten Bewusstseins und behindern die Erinnerung an unsere Heiligkeit. Eine offene Integration und eine akzeptierende Interpretation des Bösen möchte dieses wohlwollend in eine neue Bewusstseinsperspektive hinein versöhnen.

Bei der Einschätzung der Bedeutung des Bösen begegnet uns immer wieder die alte Frage: Warum ist das Böse in der Welt? Ein erster Schritt zu einem veränderten Umgang mit dem Bösen könnte sein, diese Frage zu verändern: Nicht *Warum*, sondern: *Wozu* ist das Böse in der Welt? Mit der Frage nach dem *Wozu* können wir dem Bösen eine nach vorwärts gerichtete Dimension verpassen. Im *Wozu* können offene Entwicklungsräume und Wachstumsfelder sichtbar werden. Hinter dem *Warum* steckt häufig der Wunsch, das Geschehene rückgängig zu machen, oder das Bedürfnis, einen Schuldigen zu finden und ihn zu bestrafen. Das *Wozu* ermöglicht es, das Geschehene zu befreien. Auch wenn es unserem gewohnten Bewusstsein auf Anhieb nicht verständlich erscheinen mag, kann uns das *Wozu* in der Annäherung an eine Neuinterpretation des Bösen eine gute Hilfe sein. In dem Wort *wozu* bietet sich uns ein offener Ausgang an. Das Wort *wozu* lädt uns in einen Raum ein, in dem das Leben in seinem ganzen Spektrum zugelassen werden kann. In allen Farbschattierungen. Von ganz schwarz bis ganz weiß. Über das *wozu* befähigen wir uns, auf einer sehr tiefen oder hohen Ebene etwas »Unmögliches« zuzulassen, und legen es dort in die Hände eines evolutionären Prozesses. Wir könnten auch sagen, in die Hände Gottes. In dieser weisen Offenheit können wir den auftretenden Ereignissen vielleicht mit einer erwartungsfreien oder gar umarmenden Geste entgegenkommen. »Vater, wenn es dein Wille ist, nimm diesen Kelch von mir. Aber nicht mein Wille, sondern dein Wille geschehe.« (Lukas 22,42)

Opfer und Täter. Eine gelingende Deutung des Bösen hängt zu einem wesentlichen Teil auch von der Klärung der Schuldfrage ab. In diesem Zusammenhang ist eine neue Einordnung der Opfer- und Täterrolle unumgänglich. Die gewohnten Festschreibungen für die Begriffe Opfer und Täter erfordern eine Revision und Neubewertung. Das Tätersein ist nicht ohne das Opfersein möglich. Ein Täter ist durch seine Verurteilung immer der Schuldige, der bestraft und verurteilt werden muss. Ein Opfer ist das betroffene und unschuldige Wesen, dem Gerechtigkeit widerfahren muss. Aus dem Opfersein heraus erwächst irgendwann der Täter, und dieser wird dann wieder zum Opfer, wenn er als

Täter angegriffen und vernichtet werden soll. Eine ewige Welt der Gegensätze, der Rechthaberei, der Schuldzuweisung, Bestrafung und Projektion entsteht und hält den Leidenskreislauf dauerhaft in Schwung. Aus rechtwissender und wohlgemeinter Strafe und Vergeltungssucht entsteht definitiv neues Leid.

Aus der Sicht des Ewigen gibt es keine endgültigen Täter und Opfer, wir sind in jedem Augenblick zugleich in Täter- und Opferkonstellationen verstrickt. Der kontinuierliche Kreislauf von Unschuld und Schuld erzeugt augenblicklich neue Täter und Opfer. Die festgezurrte einseitige Betrachtung eines vorübergehenden Zustandes ist in keiner Weise hilfreich, um eine tatsächliche Veränderung zu erreichen. Nur aus der Annahme und der Zusammenschau der sich unseren rein irdischen Maßstäben entziehenden Wirkmechanismen des Heiligen kann ein neuer heilsamer Handlungsansatz gelingen, der die Kraft hat, die Versöhnung der Gegensätze zu verwirklichen. Täter und Opfer sind zwei sich bedingende und durchdringende Wirklichkeiten eines Geschehens. Zwei unauflösbare Pole oder Aspekte einer Wahrheit. Aus der Sichtweise der Vernetzung allen Seins sind wir immer schuldig und ewige Sünder. Doch wenn wir versuchen, diese Ursachenkette bis ins uns Mögliche zu verfolgen, berühren wir immer wieder den Ursprung und den Urgrund allen Seins, das Ewige und Eine, Gott und die Liebe. Nur von dorther kann sich unser wert- und urteilsfreies Bewusstsein an die gegenwärtig wirkende Einheit erinnern, der wir schon immer teilhaftig sind. Diese gilt für alles, was geschieht. Ich meine wirklich alles!

Das Gute in dem Bösen zu erkennen fällt dann besonders schwer, wenn es um extrem leidvolle, traumatische oder unverständliche Ereignisse geht. Es kann aber eine große Erleichterung sein, wenn wir uns aus dem Gefängnis der Verurteilung und Schuldzuweisung befreien können. Alle Projektionen können dann an Sinn und Kraft verlieren und wir können es lernen, selbst Verantwortung für unser Handeln zu übernehmen. Dass wir unser Ich dazu in einen ganzheitlichen Zusammenhang stellen müssen, ist die Voraussetzung für dieses neue Verstehen des Bösen.

Der Benediktinermönch und Zenmeister Willigis Jäger schreibt: »Unser wahres Wesen kennt Gut und Böse nicht. Auf dieser Ebene gibt es noch kein Für und Wider. Diese Erfahrung schafft das, was wir das Böse nennen, nicht aus der Welt. Das Ergebnis jeder mystischen Erfahrung ist die Aufhebung der Dualität. Nur auf dieser tieferen Ebene lässt sich die Frage nach dem Bösen lösen. Böse nennen wir immer das, was unserem Ich schadet. Verliert nun das Ich an Gewicht, bekommt auch das Böse einen anderen Stellenwert.« (Willigis Jäger, *27 Perlen der Weisheit*) Verantwortung für unser Tun erwächst aus dem Anerkennen, dass alles, was ist, aus der einen Quelle genährt wird. In diesem sich hier in der Zeit manifestierenden vernetzten Zusammenhang kann dann *alles* als vollkommen und heil wahrgenommen werden. »Denn er lässt seine Sonne aufgehen über Böse und Gute und lässt regnen über Gerechte und Ungerechte.« (Matthäus 5,45)

Die Sünde. Wie verhält es sich nun mit dem Begriff der Sünde? Auch mit diesem Wort verbinden wir häufig Böses und Abzulehnendes. Sünde meint zunächst einmal in ihrer ursprünglichen Bedeutung: Trennung aus der Einheit oder Verfehlen des Zieles. In Wirklichkeit können wir niemals getrennt von der Einheit sein. Demzufolge können wir eigentlich also niemals Sünder sein. Vielleicht erleben wir uns in Zeit und Raum so – aber ein wirklicher Sünder können wir letztendlich nicht sein. Das ist gar nicht möglich. Nur in unserer irrtümlichen Wahrnehmung, dass wir von Gott getrennt sind, was nicht möglich ist, sind wir Sünder. Höchstens unser Handeln, Denken und Fühlen, das diese Annahme unterstützt und stärkt, ist in diesem Sinne sündiges Verhalten, da es uns scheinbar immer mehr aus dieser

Einheit hinausbefördert und uns von ihr trennt. Vielleicht erleben wir uns in unserer Wahrnehmung als Sünder. In der letzten Konsequenz der Wahrheit können wir jedoch niemals vom Urgrund der Liebe getrennt werden.

Diese Einsicht ist fern jeder moralischen Interpretation und kann es uns ermöglichen, den bewertenden und beurteilenden Aspekt der Sünde abzulegen. Viele christlich sozialisierte Menschen haben noch prägend und nachhaltig, aus einem alten institutionell geprägten Sündenverständnis heraus, dieses Wort negativ abgespeichert und verinnerlicht. Sie leiden unter den zerstörerischen Auswirkungen dieses Sündenverständnisses und würden sich einer heilsameren Sichtweise sicherlich gerne anvertrauen.

Der Satz aus dem Johannesevangelium: »Wer unter euch ohne Sünde ist, der werfe den ersten Stein« (Johannes 8,7) enthält für mich mit seiner Botschaft einen befreienden Aspekt. Ja, wir sind immer Sünder und wir sind niemals Sünder. Wir werden, da wir zugleich Täter und Opfer, Sünder und Heiliger, Schuldiger und Unschuldiger sind, den ersten Stein – unser Urteil über etwas oder jemanden – nicht werfen. Und zwar nicht aus einem »du musst« heraus, sondern aus verstehender Einsicht in die wahre Natur dieser Worte. Damit kann eine weise Handlungsweise gelingen, in der wir zuerst auf uns blicken und aus dieser Sicht verstehend und annehmend mit Wohlwollen reagieren. Wenn wir allmählich einen immer besseren Einblick in die Mechanismen unserer Projektionen gewinnen, wissen wir, dass jedes Urteil, das wir über einen anderen fällen, eine Aussage über uns selber ist. Wenn wir diesen Satz wirklich ernst nehmen und uns genau beobachten, wird »das Steine-Werfen« sich von alleine klären bzw. der »Stein des Anstoßes« zu einer neuen Sichtweise sein.

Viele Menschen kehren den ehemals vertrauten Religionen den Rücken und begegnen ihnen mit großem Widerstand. Zu wenig können sie mit dem immer noch vorherrschenden moralisch geprägten Verständnis vieler grundlegender Begriffe, wie Schuld und Sünde, Gut und Böse, Opfer und Täter, Himmel und Hölle, anfangen. Erst ein Bewusstsein, das seine Heimat in dem Ewigen zurückerinnert, kann diese Begriffe in eine bestehende Lebenswirklichkeit integrieren und weist ihnen einen neuen Wahrheits- und Erkenntnisrahmen zu, aus dem heraus etwa wahre Feindesliebe verwirklicht werden kann. Nicht aus moralischer Verpflichtung heraus, sondern aus Erkenntnis. Dieses Bewusstsein zu wecken sollte eine vorrangige Aufgabe der Religionen sein.

Die Entwicklung unseres Verstandes durch die Jahrhunderte seit der Aufklärung hat dieser Aufgabe sicherlich einen fruchtbaren Boden bereitet.

Der Schatten. Der indische Weise und Advaita-Lehrer Sri Nisargadatta Maharaj (1897–1981) sagt: »Das Böse ist der Schatten der Unaufmerksamkeit. Im Licht des Selbstgewahrseins wird es verkümmern und abfallen.« Maharaj stellt das Böse in einem Zusammenhang mit dem Schatten und dessen Auflösung mittels der genauen Selbstwahrnehmung. Aus der Psychologie ist uns das Bild des Schattens als ein unbewusster und aus dem Dunkeln oftmals unberechenbar hervorbrechender Aspekt unseres Bewusstseins vertraut. Karlfried Graf Dürckheim beschreibt den Schatten wie folgt: »Der Schatten, den der Baum auf den Boden wirft, ist das Licht der Sonne, in der Gestalt dessen, was es verhindert, auf den Boden zu gelangen.« Das Böse in der Gestalt des verdrängten und unbewussten Schattens *ist* das Licht der Sonne! Das Licht der Sonne erleuchtet unsere Unaufmerksamkeit und lässt unser Selbst in einem rechten Licht erscheinen. Die Einsicht in unsere wahre Natur ist die das Böse verwandelnde und transzendierende Kraft.

In dem Gebet JA, ICH BIN DEIN wenden wir uns mit der uns jetzt zur Verfügung stehenden Sammlungsfähigkeit unserem Selbst zu. Immer wieder neu, mit jeder neuen Ausrichtung auf die eine Liebe und mit jeder neuen Wiederholung des Gebetes, durchlichten und durchleuchten wir auch das Dunkle, das Böse, das Verschattete und das Unerlöste. Jedes einzelne Gebet, jede noch so kleine Hinwendung und Ausrichtung unseres Bewusstseins kann eine winzige Zelle unseres Seins beeinflussen. Somit wirkt sich unser Gebet bis auf die physischen Ebenen unseres Körpers aus, bis hinunter auf die Zellebene.

Zahlreiche Untersuchungen in den vergangenen Jahren haben diesen faszinierenden und wichtigen Zusammenhang bestätigt. Im Gebet gehen die körperlichen Zellen in Resonanz zu der angebotenen Atmosphäre und werden so mit jeder Wiederholung des heiligen Wortes »bestrahlt«. Jeder noch so kleine Schritt ist damit ein wirksames und bedeutsames Ereignis zur Entwicklung unseres Christusbewusstseins. Immer durchsichtiger und durchscheinender kann sich uns die Liebe in ihrer gegenwärtigen ursprünglichen Größe offenbaren. Mit unserem treuen Gebet verwandeln wir in kleinen Schritten immer mehr von der uns beherrschenden und verstrickenden Kraft des Bösen in uns. Wir nehmen all unsere Gedanken, Gefühle, Bewertungen und Handlungen wahr und werfen immer seltener den »ersten Stein«. Wir versuchen, unseres Seins immer tiefer gewahr zu werden. Dieses Bewusstsein ist die Wahrnehmung des kosmischen Christus in uns, der, berührt vom Klang der Liebe, sich an seinen Vater wendet, der reine Liebe ist. In dieser Haltung können wir unsere Bewertungen und Verurteilungen transformieren. Wir öffnen uns einer Wirklichkeit, aus der heraus wir das Leben, so wie wir es jetzt erfahren, bedingungslos annehmen können. Diese wertfreie Haltung ist die Grundlage unserer Einsichtnahme in die Dimensionen des Bösen. Das Böse ist darin eine Ausdrucksform des Seins, das zum Leben dazugehört. Weder negativ noch positiv, einfach nur da. Nicht mehr und auch nicht weniger.

Die Feindesliebe. Das Böse erscheint uns meistens als Feind. Das Bild vom Feind ist ein Aspekt des Bösen, das sich uns in jedem Augenblick mehrperspektivisch offenbaren kann. Im Inneren und im Äußeren. Ein Feind ist ein Aspekt im Leben, den wir am liebsten bekämpfen, verdrängen, vernichten, vertreiben, verharmlosen, betäuben oder auflösen möchten. Es ist dasjenige, vor dem wir Angst haben, das uns verunsichert oder in die Flucht schlägt. Die zeitlos gültige Essenz christlichen Handelns und ihre radikalste Interpretation der Liebe ist die Feindesliebe. Die Fähigkeit zur Feindesliebe gilt als die höchste Tugend menschheitlichen Handelns und bezeugt die Verwirklichung eines neuen Bewusstseins. Erst sie bereitet einen Raum, in dem wirkliche Liebe und Weisheit entstehen kann. Dieses Lieben-Können des Bösen ist in der Bergpredigt eindrücklich beschrieben. Dort spricht Christus zu uns und sagt: »Liebet eure Feinde und bittet für die, die euch verfolgen, damit ihr Kinder seid eures Vaters im Himmel.« (Matthäus 5,44) Erst wenn es gelingt, das Böse – den Feind – zu lieben, kann sich die Verheißung der Vergebung und Erlösung verwirklichen, aus der heraus die Rückkehr in die Ganzheit gelingt.

Der chassidische Gelehrte und Schriftsteller Friedrich Weinreb (1919–1988) zitiert in einem Gespräch auf die Frage, ob das Böse auch von Gott geschaffen wurde, zunächst eine Stelle aus dem Propheten Jesaja: »Ich bin der Herr und sonst keiner mehr, der ich das Licht mache und schaffe die Finsternis, der ich Frieden gebe und schaffe Unheil.« (Jesaja 45,7) und antwortet dann mit sehr knappen Worten: »Gott bildet den Frieden und erschafft das Böse. Er schafft also beides. Die Frage ist, *wozu* das Böse da ist. Man antwortet darauf, es sei da, um zu sehen, ob wir imstande sind, trotzdem die Liebe zu erkennen, dennoch glauben zu können. Das Böse ist keine Sache, die so aus Versehen geschieht. Es ist in Gottes Plan da. Liebe kann das Böse überwinden. Das Böse hat Grenzen, Liebe ist unbegrenzt. Das Böse hat durch die Liebe Grenzen bekommen.« (Friedrich Weinreb, *Gern möchte ich vom Messias erzählen*)

Im Prolog des Johannesevangeliums findet sich eine Aussage, die den Lichtaspekt der Liebe beschreibt. »In ihm war das Leben, und das Leben war das Licht der Menschen. Und das Licht scheint in der Finsternis, und die Finsternis hat's nicht ergriffen.« (Johannes 1,4) Das Licht der Sonne und die Sonne selbst sind Zeichen der Liebe Gottes. Das Licht kann durch das Böse nicht ergriffen werden. Es ist unmöglich. Es hat in sich keine Substanz. Die Liebe, das Licht und das Leben entziehen sich dem suchenden Zugriff des Dunklen durch größere Stärke und Kraft. Erst die sichtbar gewordene Qualität der Liebe kann die wahre Natur des Dunklen aus einer umfassenderen Position heraus wahrnehmen, umarmen und in das Ganze integrieren. Diesen Schritt kann das Böse nicht gehen. Die Feindesliebe zu verwirklichen ist dem Bösen aus sich heraus nicht einsichtig.

Um den Charakter des Bösen noch genauer zu erfassen, möchte ich das johanneische Wort vom Licht beispielhaft auf das Licht, das zunächst in einem Haus leuchtet, übertragen. Dem Bösen ist in diesem Bild die Finsternis zugeordnet, der Liebe das Licht. Stellen Sie sich nun ein Haus vor, umgeben von Dunkelheit. Die Fensterläden sind verschlossen. Innen leuchtet ein Licht. Draußen bleibt es dunkel, drinnen ist es hell. Was geschieht, wenn Sie die Fensterläden öffnen? Bricht die Dunkelheit in das lichtdurchströmte Zimmer ein und verdunkelt es? Nein. Das kann die Finsternis nicht. Die Finsternis an sich hat keine Größe mit eigenständiger innerer Macht. Wenn das Licht auf die Dunkelheit trifft, verwandelt das Licht die Dunkelheit in Helligkeit. Die Liebe hat die Macht, das Böse zu verwandeln. Das Böse aus sich heraus hat keine Möglichkeit, das Licht zu verdunkeln. Ich kehre dieses Bild nun um. Das

Haus ist im Innern dunkel. Die Fensterläden sind verschlossen, und außen ist es hell. Bei der Öffnung der geschlossenen Fenster wird das Innere des Hauses mit Licht durchflutet. In diesem Bild wird die außerordentliche Qualität des alles durchstrahlenden Lichtes sichtbar. Durch das Licht wird dem Zerstörerischen die Macht genommen. Das unvergängliche Licht bringt das Verborgene und Vergessene wieder zum Vorschein und macht es transparent und damit integrierbar für unser Bewusstsein.

Die Liebe bleibt die einzige Wahrheit in diesem ewigen Wirken. Die Liebe ist die allem zugrunde liegende und über allem stehende letztgültige Wirklichkeitsdimension. Aus ihr heraus ist alles entstanden. In die Liebe kehrt alles zurück und sie wohnt allem schon längst inne. Aus der Perspektive und Haltung der Liebe sollten wir unser Sein in der Welt immer wieder neu betrachten und wahrnehmen. Das unvollendete Gute und das Unreife als Böses benötigen darin ihren Platz als gültige und integrierte Wirklichkeiten der Entwicklung und Wahrnehmung.

Der Weg des Werdeseins

Gregor vom Sinai (gestorben 1346) war ein hoch anerkannter hesychastischer Mönch und wird als ein großartiger Psychologe unter den Wüstenvätern bis auf den heutigen Tag geschätzt. Von ihm stammt folgendes Zitat: »Werde, was du schon bist. Suche ihn, der bereits dein ist. Höre auf ihn, der nimmer aufhört, zu dir zu sprechen. Gehöre ihm, der dich bereits sein eigen nennt.« Er beschreibt hier den sich gleichzeitig ereignenden Zustand des untrennbaren Seins sehr zutreffend. Wobei diese stillstehende Bewegung ein Werden und ein Sein zugleich ist. Leben ist Werden zu dem, was schon vollkommen da ist: ein Werdesein. Dieses Werdesein umfasst dabei die Ahnung und die Sehnsucht, die Erfüllung und die Gewissheit zugleich. Unser Werdesein ist der Prozess der Erinnerung an unser Heiligsein als Nicht-Prozess. Dies klingt vielleicht paradox, meint aber eine Erkenntniswirklichkeit, die sich der Sprache und den Bildern immer wieder entzieht.

In dem Symbolbild des Schmetterlings wird vielleicht am ehesten etwas von dieser sich durchdringenden, Himmel und Erde verbindenden Gleichzeitigkeit sichtbar. Die beiden Flügelpaare, zwei Herzen, das irdische und das himmlische, durchdringen sich – transparent werdend im neuen Sein. Das Werdesein ist dabei ein Begriff, der dieses Mysterium festschreiben und zugleich offen lassen möchte. Werden und Sein. Beides gleichzeitig zu leben und sich immer wieder neu bewusst zu machen ist Forderung unseres weglosen Lebensweges. In unserem in Gegensatzpaaren geschulten Denken bleibt es eine Herausforderung an unser Bewusstsein, diese Einsicht als Normalität zu verankern. In der Lutherübersetzung finden wir eine vollständige Beschreibung des tiefen Geheimnisses des Werdeseins in der Beantwortung der Frage Moses nach dem Namen seines Gottes: »Ich werde sein, der ich sein werde.« (Mose 3,14) Das Werdesein ist die göttliche Gegenwart, die sich allumfassend in Zeit und Raum als Werden manifestiert und zugleich ist das Werdesein die über Zeit und Raum hinausweisende Präsenz des Ewigen als Sein.

Der amerikanische Mönch Thomas Merton schreibt über das kontemplative Gebet: »Gebet besteht nicht in dem Bemühen, Gott zu erreichen, sondern darin, unsere Augen zu öffnen und zu erkennen, dass wir schon bei ihm sind.« Unsere Sehnsucht, uns hinzugeben, findet Erfüllung in der Erkenntnis, dass wir schon längst geborgen und Teilhabende eines untrennbaren Ganzen sind. Alles eigene, aus unserem kleinen Ich erwachsene Tun bleibt aufgehoben in dem großen, schon vollkommenen ICH BIN. Der Übungsweg des mantrischen Gebetes ist ein schrittweises Hineinversenken der Intelligenz in die Mitte unseres Seins, in unsere Herzensmitte, in der wir erkennen, dass unsere Mitte auch die Mitte allen Seins ist. Von dort her erneuert und ordnet sich unser ganzes Leben; ewig neu, in immerwährender Entfaltung. Jeder Tag, jede Stunde und jeder Augenblick kann dann wirklich ein ganz neuer Anfang sein. Die alten Kirchenväter sagen: »Bringt die Gedanken vom Kopf zum Herzen und lasst sie dort.« Dort in dieser Herzensmitte befindet sich unser eigentlicher Wesenskern. In dieser Mitte treffen wir auf die Aufhebung der Gegensätze und verwandeln sie in die Anerkennung der verschiedenartigen Pole der ungetrennten heiligen Wirklichkeit. Inneres Gebet und Kontemplation sind das Werkzeug und die Grundlebenshaltung, die hinter die Oberfläche blicken lassen und das Verborgene sichtbar machen. Das innere Wiederholen und Sprechen des Gebetes JA, ICH BIN DEIN lässt uns immer mehr in dieser Herzensmitte ankommen. Diese atmende Mitte ist das Geborenwerden des Christusgeistes in uns; unser Christusbewusstsein, in dem wir eins mit dem Vater sind. Dabei ist das Ankommen kein abgeschlossener Vorgang. Es ist die immerwährende Ankunft, die allezeit aufbricht.

Die drei Dimensionen des Werdeseins

Von allen Seiten umgibst du mich, singt der Verfasser des 139. Psalms: Oben und Unten, in der Tiefe und in der Höhe, hinten und vorne, außen und innen, in der Nähe und in der Ferne, in der Vergangenheit und in der Zukunft. Alle Richtungen und Dimensionen sind in das Wirken des einen Werdeseins einbezogen. Es gibt keine Struktur, die nicht die heilige Atemkraft durchweht, die alles miteinander verbindet und mit göttlichem Hauch belebt. Angehauchte und Beatmete sind und bleiben wir von Anbeginn und bis zum Ende aller Zeiten: »Da machte Gott den Menschen aus

Erde vom Acker und blies ihm den Odem des Lebens in die Nase.« (1. Mose 1,7) Zwischen unserer Geburt und unserem Tod gibt es keinen Augenblick, an dem diese immerwährende Verbindung unseres Seins mit dem Odem des Lebens unterbrochen wäre. Alles Geliebte oder Ungeliebte, Geschätzte oder Verachtete, Ruhmvolle oder Bedeutungslose, Schmerzhafte oder Lustvolle wird von dieser lebendigen Wirklichkeit berührt und umfangen. Alles ist Teilhabe an Gott, dem allumfassenden einen Bewusstsein, das uns von allen Seiten umgibt. Seine lebendige Wirklichkeit wirkt *dreifach*: im Außen und im Innen, im Himmel und auf der Erde, sie wirkt in der Zeit und jenseits von ihr.

Am Beginn meiner morgendlichen Meditationszeit spreche ich seit einigen Jahren ein Gebet, das mich auf diese dreifache Entfaltung des Ewigen einstimmt und mir das Heilige alltäglich in Erinnerung rufen möchte. Der ritualisierte Vollzug ist mir dabei hilfreich, und ich erfahre Weitung, Öffnung und Konzentration auf das Wesentlichste. Darüber hinaus sensibilisiert es mich für die Wahrnehmung der verschiedenen Perspektiven des göttlichen Geheimnisses. Während ich das Gebet spreche, bekreuzige ich mich und verneige mich anschließend. Hier nun die Worte dieser geistlichen Einstimmung am Beginn meiner Meditationszeit:

Dein Wille geschehe an mir. JA, ICH BIN DEIN.
Ich bin der dir Dienende.

Dein Wille geschehe in mir. JA, ICH BIN DEIN.
Ich bin der dir Dienende.

Dein Wille geschehe durch mich. JA, ICH BIN DEIN.
Ich bin der dir Dienende.

Gott offenbart sich mir in diesem Gebet dreidimensional. In einer Dimension, die *an* mir geschieht. In einer Dimension, die *in* mir geschieht, und zugleich in einer weiteren Dimension, die *durch* mich geschieht.

Dein Wille geschehe an mir. Außerhalb von uns, in allem, was in der Welt um uns herum geschieht, ist das Wirken des einen Gottes sichtbar. In allem, was uns widerfährt, was an uns geschieht und äußerlich auf uns einwirkt, ist die Wirkkraft des Heiligen präsent. Das Ewige geschieht an uns. Wenn wir das Personalpronomen ES für dieses an uns sich vollziehende Wirken Gottes verwenden, kann dieses Geschehen einen zutreffenden Namen bekommen. ES wirkt an uns. ES hat einen Einfluss auf uns. Dabei sind wir nicht losgelöst von dieser Welt oder unserer Umgebung. Wir sind als Teil einer unfassbar grenzenlosen Einheit in dieses ES eingebunden und mit Allem-was-ist vernetzt. Wie bei einem Puzzlespiel ist jedes Teil einmalig – in seiner ganz individuellen Form und Ausprägung –, und das Bild wird erst durch das Zusammenfügen aller Teile erkennbar. Für manch einen von uns ist dieser Zusammenhang von Allem-was-ist vielleicht eine erschreckende Erkenntnis – eine andere erwacht darüber zu mehr Selbstverantwortlichkeit und Bewusstheit dem Außen und dem Universum gegenüber. Wir können unserer Teilhabe an der Schöpfung gewahr werden, die sich in der Gegenwart und in unserem Bewusstsein entfaltet. Unsere Außenwelt will auf eine alte Weise neu verstanden und gelesen werden. Es ist der äußerlich erscheinende Alltag mit seinen vielfältigen Herausforderungen und unscheinbaren Kleinigkeiten, in den wir uns hineinbegeben können, um in unser inneres Heil-Sein hineinzuwachsen, das sich dann in unseren Handlungen im Außen bezeugt. Gott wirkt auch in unseren Alltagsangelegenheiten sein heiliges Werk.

Dein Wille geschehe in mir. Auch in uns, in unserem Innersten wirkt der lebensspendende Atemhauch Gottes. Im

Brief des Paulus an die Korinther findet diese Erkenntnis ihren Ausdruck: »Wisst ihr nicht, dass euer Leib ein Tempel des Heiligen Geistes ist, der in euch ist und den ihr von Gott habt.« (1. Korinther 6,19) Wir sind in unserem ganz individuellen Person-Sein angesprochen. Mit diesem Satz sind wir ganz persönlich gemeint und unser einzigartiger Beitrag, den wir mit unserem ICH in die Welt geben können. Wir sind mit unserem Leib, unserem ganzen Sein als Mensch ein einzigartiges und kostbares Gefäß, um die göttliche Kraft aufzunehmen. Und nicht nur das. Unser ICH ist dieser Tempel, heiligstes Gotteshaus, welches das Christusmysterium in sich birgt. Alle Körperfunktionen, unsere Sinneswahrnehmungen, alle Gedanken, der Wille und unsere Gefühle sind dabei der Ausdruck dieses Wirkens. Es sind unser Lachen und Weinen, unser Zweifeln und Erkennen, unser Schmerz und unsere Lust, die uns bei allem, was geschieht, an diese Verbundenheit erinnern.

Wie bei dem Erklingen einer Glocke, benötigt das Entstehen des Klanges einen Klangkörper und einen darin befindlichen Resonanzraum. Je leerer und reiner dieser Körper beim Anschlagen ist, desto reiner kann der Ton erklingen. Es ist für uns bleibende Aufgabe, diesen inneren Tempel immer wieder neu zu klären, zu reinigen und aufzuräumen, damit unser einmaliger personaler Ausdruck als wohlklingender Ton in der Welt hörbar wird. Im Gebet lauschen wir wie ein Orchestermusiker auf den richtungsgebenden Kammerton und stimmen uns auf ihn ein, denn die Liebe wird im Kammerton der Liebe geweckt. Dieser Kammerton gründet unser Gebet und schwingt als Christusresonanz in jedem Herzensgebet mit. Es ist das im »stillen Kämmerlein« angestimmte Klangwort der Liebe.

Oftmals kann unser kleines Ich den Klang unserer Gottesebenbildlichkeit kaum noch vernehmen. Zu sehr sind wir angefüllt mit unseren Egotänzen, verurteilenden Meinungen, permanenten Ablenkungen, richtenden Urteilen, zahllosen Leidverstrickungen, kaum zu ertragenden Schmerzen und vielem mehr. Der Klang unseres Seins erklingt in diesem überfüllten Raum dumpf, leise, unerlöst und verzerrt. Kaum hörbar meldet sich unser Ich dann zu Wort und sehnt sich nach Berührung durch Frieden, Liebe und Geborgenheit. Damit die Liebe aber mit vollem Klang ertönen kann, muss unser Ich ihr einen Raum bereiten. Dort, wo unser Ich Raum schafft und leer wird, kann diese Kraft ungehindert einströmen. Dann kann die Liebe in uns als wohltuender heilsamer Klang tönen und unsere Sehnsucht mit Harmonie stillen. Jedes innere Geschehen gehört hinein in die Wahrnehmung der göttlichen Liebe. Nichts darf außen vor gelassen werden. Alles möchte erkannt, geliebt und erinnert werden, als einmaliges und kostbares Geschehen. Das aufmerksame Erkennen und Hineinspüren in unser Ich, mit ganzer Hingabe, ist dabei der Schlüssel, der das Tor der Wahrnehmung öffnet.

Dein Wille geschehe durch mich. Die wörtliche Übersetzung des lateinischen Verbs *personare* lautet hindurchtönen. Als Personen sind wir durchtönte Wesen. Durch unsere äußere Form, unsere Maske hindurch erklingt unsere eigentliche Natur. Wir sind Klangkörper des einen Wirkens. Kosmisches Instrument, auf dem das Lied der Liebe erklingt. Mit unseren kostbaren Eigentümlichkeiten sind wir erklingendes Gefäß, das als Resonanzraum Schwingungen weitergibt. Das ist die kostbare Lebensenergie, die durch uns weiterfließt und die im Empfangen des heiligen Odems Leben verschenkt. Das ist der Christusgeist, der durch uns in der Welt-Raum-Zeit hörbar und sichtbar werden möchte. Dieses Wirken durch uns bezeugt unsere teilnehmende Verantwortung am Werden dieser Welt.

Als durchtönte Wesen sind wir auf dem Marktplatz des Welttheaters mitgestaltende Heilige. Mechthild von Hackeborn (1241–1299), eine mittelalterliche Mystikerin, sagt: »Du willst, dass ich tätig sei. Du hast gesagt: Ohne mich könnt ihr nichts tun. So bitte ich dich, dass mein Tun wie ein Tropfen im Strom vereinigt und vollendet sei in deinem unendlichen, vollkommenen Werk.« Unser menschliches Handeln ist Manifestation des Ewigen. Wir sind darin zugleich Leere und Fülle, Welle und Meer, Tropfen und Strom, göttlicher Ausdruck und göttliches Sein, ohne dabei unsere unvermischbare Einzigartigkeit verlieren zu müssen.

Die drei Gesichter Gottes. Das trinitarisch ausgeführte Gottesbild, das an mir, in mir und durch mich wirkt, und die von dem amerikanischen integralen Bewusstseinsforscher, Mystiker und Philosophen Ken Wilber (geb. 1949) formulierten *Drei Gesichter Gottes* lassen sich gut zueinander in Beziehung setzen. Wilber entwirft in seinem 2006 erschienenen Buch »Integrale Spiritualität« (Kösel Verlag, München 2007) ein mehrdimensionales Gottesbild, das unterschiedliche Gottesbilder anerkennt und miteinander versöhnt. Den großen drei Perspektiven menschlichen Erlebens folgend, beschreibt Ken Wilber Gott als Ich, Du/Wir und als Es. Diese Bilder für drei verschiedene »Gesichter« Gottes manifestieren sich gleichzeitig und können aus dem »Zugleich« heraus eine Wahrnehmungs- und Kommunikationsbrücke bilden, um ansonsten unversöhnliche Gottesbilder zu vereinen.

Diese drei Dimensionen des Göttlichen können wir in jedem Augenblick erfahren und zum Ausdruck bringen: Gott in der dritten Person ist das Es/Alles und erscheint apersonal. Wir betrachten aus dieser Perspektive Gott als alles, was ist – die große Vollkommenheit dieses und jedes Augenblicks. Gott in der zweiten Person ist das Du. Wir sehen in diesem Bild Gott in der personalen Perspektive. Wir erleben Gott und kommunizieren mit Ihm als unendlichem Du, das uns beschenkt mit allem Segen und vollkommener Vergebung und dem wir unsere Wünsche und Nöte, unsere Dankbarkeit und Hingabe darbringen können. Gott in der ersten Person ist das mystische oder intrapersonale Bild vom Gott, an dem auch ich Anteil habe. Dieser dreigesichtige Gott ist in der Urtiefe das große ICH BIN, das sich in jedem menschlichen Wesen als seine ganz unverwechselbare Persönlichkeit offenbart.

Doch wie lässt sich eine Verbindung zum trinitarischen Gottesbild des Christentums finden?

Für den deutschen Philosophen Georg Wilhelm Friedrich Hegel (1770–1831) – von manchen als Urvater des integralen Denkens bezeichnet – ist das Christentum die »vollendete Religion«. In ihr wird Gott als trinitarische Einheit von Vater, Sohn und Geist vorgestellt. Das Christentum ist sich der in Gott selbst immanenten Differenzierung bewusst, weshalb es für Hegel einen entscheidenden neuen Akzent in der Geistesgeschichte leistet. In der Person des Vaters betrachten die Christen Gott sozusagen vor oder außerhalb der Erschaffung der Welt, das heißt als reinen Gedanken und göttliches Prinzip. Gott wird als Allgemeines verstanden, das auch die Unterscheidung, das Setzen seines anderen, des Sohnes, und die Aufhebung der Differenz beinhaltet. Die Menschwerdung ist notwendiger Teil des Göttlichen. Wesentlicher Aspekt der menschlichen Erscheinung Gottes ist dabei der Tod Jesu, für Hegel der »höchste Beweis der Menschlichkeit« des Gottessohnes. Dieser erscheint für ihn wiederum nicht denkbar ohne die Auferstehung. Mit der Überwindung der Endlichkeit erfolgt die Negation der Negation Gottes. Am auferstandenen Christus zeigt sich, »dass Gott es ist, der den Tod getötet hat«; einen Tod, der Ausdruck eines radikal Anderen, des Endlichen ist. Die Dreieinigkeits- oder Trinitätslehre besagt, dass der eine Gott als »Sein-in-Beziehung« von drei »Personen« zu denken ist: Gott ist Schöpfer, Gott ist Erlöser in Christus und Gott ist Heiliger Geist. Als No-

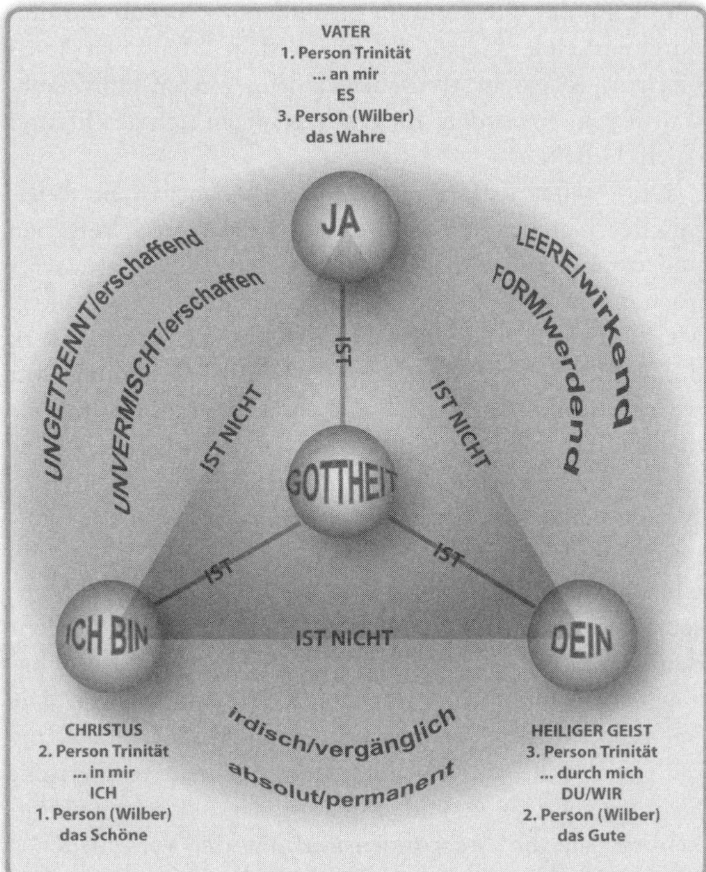

Die trinitarische Vielfalt

vum kann das Christentum formulieren: Gott als die alles durchwirkende Geistkraft ist in dem Menschen Jesus Christus, in jedem Menschen und im ganzen Universum transparent geworden. Im DU vereinigen sich das ES und das ICH BIN.

Die Trinität als fortlaufende Gottesgeburt ist ein dynamisches Geschehen von Wirken, Werden und Vergehen und symbolisch wirksam in den Grenzbereichen unseres Verstandesbewusstseins. Die Erlösungslehre des Mystikers Meister Eckhart stellt die Menschwerdung Gottes als Werk der Trinität in den Mittelpunkt: »Der Mensch kann Gott werden, weil Gott Mensch geworden ist und dadurch die menschliche Natur vergöttlichte.« Die menschliche Natur Christi ist keine andere als die jedes anderen Menschen. Wir alle haben die menschliche Natur mit Christus gemeinsam, und zwar in gleicher Weise und gleichem Sinne. Der einzelne Mensch als Teilhaber an der allgemeinen Menschennatur kann auf Grund der hypostatischen (bestehenden) Union mit Gott eins mit ihm sein, wie Christus es bezeugt hat. Dreifach wirkt die Kraft des Ewigen. Die Verwendung der Personalpronomen im Zusammenhang mit einem Bild von Gott bietet uns eine neue trinitarische Sicht auf das Eine an, und ich glaube, dass es eine gute Möglichkeit ist, die Mehrdimensionalität der verschiedenen Gottesbilder zu veranschaulichen und zu versöhnen. Wir können es dann möglicherweise einfacher zulassen, dass dieser Wille erstens *an* uns, als das allumfassende ES, zweitens *in* uns, als unser ICH, und drittens *durch* uns, als das in Beziehung tretende DU, geschieht. Gott wirkt einfach, dreifach, hundertfach oder vielfach. Mit allen erdenklichen Gedanken, Modellen und Landkarten dürfen wir uns der unendlichen Fülle des verborgen bleibenden Geheimnisses annähern. Dabei umkreisen wir die Mitte und müssen dennoch äußerst bescheiden bleiben in unserer Sehnsucht, das Unfassbare zu erfassen.

Die drei Schritte der Verwandlung

Am Baum hängt eine Frucht. Diese Frucht reift, bis sie vom Ast fällt – von alleine. Wenn die Zeit dafür reif ist. Auf dem Boden reift die Frucht weiter und verfault allmählich. Die Erde nimmt die verfaulte Frucht mit dem Samenkorn wieder auf. In der Geborgenheit der fruchtbaren Erde keimt der Samen. Mit den Jahren wächst ein neuer Baum, der eines Tages Früchte tragen wird. – Wenn wir uns diesen Vorgang aus der Natur näher betrachten, können wir einen natürlichen Zusammenhang entdecken, der uns bewusst machen kann, dass das Leben etwas mit den Aspekten von Wandel und Vergänglichkeit zu tun hat. Leben geschieht als Prozess. Es ist eine ewige Abfolge von »Todestagen« und von »Geburtstagen«. Sterben und Leben, Ankommen und Losgehen, Empfangen und Verschenken. Nicht als Gegensatz, sondern als sich durchdringendes gleichzeitig wirkendes Geschehen. Den Prozess des In-den-Tod-Gehens erleben wir als Sterben. Gleichzeitig geschieht der Prozess des immerwährenden Geborenwerdens, das untrennbare Ineinander zweier Lebensgeheimnisse, so wie es im neutestamentlichen Bild vom Weizenkorn beschrieben wird. »Wenn das Weizenkorn nicht in die Erde fällt und erstirbt, bleibt es allein; wenn es aber erstirbt, bringt es viel Frucht.« (Johannes 12,24)

Sterben und Geborenwerden lässt sich sowohl als Entwicklung als auch als Verwandlung auffassen. Neubeginn auf einer höheren Stufe. Wobei das Sich-Wiederfinden auf einer höheren Stufe, durch ein vorangegangenes Sterben, auch eine Lebenstiefung bedeuten kann. Ein Freund von mir sagte mir einmal: »Der Tag meines Todes wird mein Himmelsgeburtstag sein.« Im Augenblick unseres Todes öffnen wir uns für eine neue Daseinsform. Tod und Geburt berühren sich immer im Kraftfeld der Gegenwart – im Jetzt. Wenn wir unser Leben als Prozess anerkennen, vollziehen sich Tod und Geburt als immerwährendes Geschehen. »Wer stirbt, bevor er stirbt, braucht nicht zu sterben, wenn er stirbt«, sagt der Mystiker Abraham a Santa Clara (1644–1709). Mit dem Herzensgebet als spirituellem Lebensgestaltungsweg praktizieren wir dieses Sterben, dieses Loslassen, dieses Geborenwerden, Reifen, Wachsen und Annehmen. Es geschieht durch unsere treue Bereitschaft und unser bedingungsfreies und absichtsloses Vertrauen in die Wahrnehmung der heilenden Kraft des gegenwärtigen Augenblicks. Mit dem Sprechen des heiligen Wortes können wir unseren Geist auf die allumfassende Präsenz des Vergänglichen ausrichten und uns damit mit der Unausweichlichkeit unseres Sterbens auseinandersetzen. In der Tiefe finden wir dann vielleicht Ahnungen von Antworten auf die wichtigsten existenziellen Fragen des Lebens: Warum bin ich geboren? Wer bin ich? Wohin gehe ich? Was ist der Tod?

Der bewusst wahrgenommene Atem kann hierbei hilfreich sein und uns eine Brücke zur Erkenntnis der Vergänglichkeit bauen. Der Mensch erblickt das Licht der Welt mit dem ersten Atemzug. Mit dem letzten Atemzug beendet er diese Zeit hier. Dann geht es weiter, befreit von Zeit und Raum. Dieser Zeitpunkt kann jeden Augenblick kommen. Wenn wir uns dieses bewusst machen, kann uns der Atem in das Wunder der Verwandlung und in das Mysterium der Fülle des gegenwärtigen Seins hineinführen. Den zugelassenen Ausatem können wir als »kleine« Übung nutzen, um die Wirklichkeit des »großen« Loslassens einzuüben. Im Ausatmen werden wir der Möglichkeit unseres Todes gewahr und im zulassenden Empfangen des Einatmens vergegenwärtigen wir die Teilhabe am Geschenk unserer ewigen Geburt. »Jeder Tag ist ein ganz neuer Anfang«, sagt der Wüstenvater Abbas Poimen (340–450). Jede Stunde, jede Minute, jeder Augenblick und jeder Atemzug können uns bewusst machen, dass wir ewig Sterbende und ewig Neugeborene zugleich sind. Gott wiederholt sich nicht! Mit dem Bewusstsein des immerwährenden Neuanfangs können wir das Tor zu Umkehr und innerer Transformation öffnen. »Siehe, ich mache alles neu!« (Offenbarung 21,5), sagt der mystische Christus und bereitet uns den Raum für die neue Erde und den neuen Himmel – in uns und um uns und durch uns.

Das bekannte Gebet des Schweizer Nationalheiligen Nikolaus von der Flüe (1417–1487) kann den Prozess der Wandlung befruchten und unser Bewusstsein für die Wahrnehmung dieses ewig im Fluss befindlichen Geborenwerdens und Sterbens öffnen. Diese mystischen Heilungsworte wurden von ihm vor über fünfhundert Jahren formuliert und finden bis heute eine große Verbreitung. Das Gebet beschreibt den Weg der Vereinigung von Himmel und Erde, auf dem der Mensch seine Mitte, sein wahres Herz – das Herz des Lebens – finden kann, und von dem er in der Welt Zeugnis zu geben gerufen ist. In Seminaren und Kursen beten wir seit vielen Jahren am Ende des Tages dieses Gebet:

Oh mein Gott, nimm alles von mir,
was mich hindert zu dir.

Oh mein Gott, gib alles mir,
was mich fördert zu dir.

Oh mein Gott, nimm mich mir
und gib mich ganz zu eigen dir.

In diesen Zeilen des auch Bruder Klaus genannten Heiligen begegnet uns eine dreistufige Unterteilung eines erprobten geistlichen Schulungsweges. Als Erstes geschieht eine Klärung mit der Frage: Was ist hinderlich auf unserem Weg zu Gott? Was steht unserer Wandlung im Wege? Wie genau sehen die Steine auf dem Weg aus? Sind es Steine, über die wir stolpern und die uns in die Knie zwingen, oder sind es Steine des Anstoßes, die uns die entscheidenden Impulse zu unserer Wandlung geben können? In dem zweiten Aspekt richtet sich an uns die Frage: Was ist förderlich auf unserem Weg zu Gott? Welche Umstände ermöglichen uns Wachstum und Entfaltung? Welche Atmosphäre, welche Menschen tun uns gut und lassen uns aufblühen? Was ist in uns an positiven Kräften und Eigenschaften vorhanden? Am Schluss wird in einem dritten Teil um unsere Fähigkeit zur Hingabe an das große Ganze gebeten. Ganzhingabe an das Geheimnis des Lebens. Ganzhingabe an die Gnade der Einheitserfahrung. »Gott, nimm mich mir, und dann bin ich ganz eins mit dir.« Bruder Klaus konnte mit diesen Zeilen immer wieder seine Beziehung zum Göttlichen aussprechen. Er konnte sein Leben in Bezug dazu setzen und er konnte an diesem Text innerlich wachsen. Mir ergeht es ähnlich, und ich finde, dieses Gebet hat nichts von seiner immensen Wandlungskraft verloren. Das Bruder-Klaus-Gebet begleitet mich nun schon seit vielen Jahren.

Die Beschreibung dieser Entwicklung hin zu unserem Wesenskern wird in der Dreiteilung dieses Weges (Reinigung, Erleuchtung und Einung) sichtbar und wurde in den verschiedensten spirituellen Traditionen immer wieder beschrieben. Solche Stufenwege gleichen Symbolen oder Landkarten und verweisen dabei auf die eine Wahrheit und Wirklichkeit, die sich letztlich jeglicher Unterteilung entzieht. Diese Modelle dürfen mit der sich tatsächlich entfaltenden Lebenslandschaft und Alltagswirklichkeit nicht verwechselt werden: »Der Finger, der auf den Mond zeigt, ist nicht der Mond«, sagt ein Zen-Spruch.

Unser einzigartiger Weg im Leben ähnelt viel eher Strukturen, die zu unterschiedlichen Zeiten, in verschiedenartigen Rhythmen und in jeweils einzigartiger Tiefe und Intensität eine unberechenbare Steigerung und Freilegung des Bewusstseins bewirken oder ermöglichen. Und so möchte auch diese Unterteilung verstanden sein. Auch wenn die

Stufenabfolgen in ihrer grundsätzlichen Reihenfolge nicht umzukehren oder zu vertauschen sind. Die Erfahrung lehrt: Um eine permanente Bewusstseinsebene zu erreichen, bedarf es zunächst der Reinigung; dann geschieht Einsicht und dann erst Vereinigung. Das nachfolgend kurz beschriebene dreistufige Wegmodell ist Fingerzeig und eine mögliche Betrachtungsweise des Prozesses der Bewusstseinsentfaltung hin zu einem universalen Christusbewusstsein.

Von der Reinigung: Mit der *via purgativa* wird der gründliche Prozess der Reinigung, der Läuterung des Ichs, der Klärung und der Aufarbeitung beschrieben. Dieser Wegschritt, in dem sich Heilungs- und Klärungsprozesse vor-

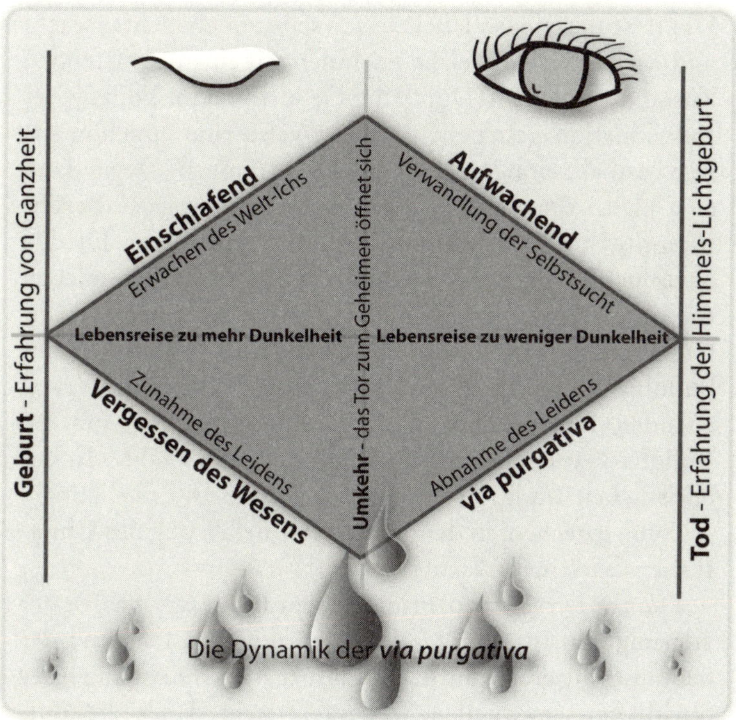

rangig auf der psychologischen Ebene vollziehen, steht oftmals am Anfang eines spirituellen Weges und markiert eine beginnende Wandlung und Hinwendung nach innen. Er ist eine tief greifende Überprüfung der inneren Motivation und eine eindrückliche Läuterung des Egos: »Siehe, ich habe dich geprüft im Glutofen des Elends.« (Jesaja 48,20) Bei vielen Menschen findet diese Aufarbeitung in der Lebensmitte statt, ist Ausdruck einer immer größer werdenden inneren Not und geht einher mit einer Sehnsucht nach Sinn, Wahrheit und Tiefe. Dürckheim unterscheidet drei Grundnöte des Menschen: die Verzweiflung an der Sinnlosigkeit des Lebens, die Trostlosigkeit der Einsamkeit und die Angst vor dem Tod.

Am Beginn des Lebens wird der vorgeburtliche Zustand als geborgen und in Einheit mit allem, was ist, erfahren. Das Bewusstsein ist dabei zu sich selbst noch nicht erwacht und wird in vielen Weisheitsschulen mit einem schlafenden Zustand verglichen. Durch die Geburt und im Vollzug der Individuation geschieht normalerweise eine zunehmende Bewusstheit, einhergehend mit »mehr Tränen«. Wem dann eine kleine oder große, sanfte oder schmerzhafte Berührung durch das Mysterium im Leben widerfährt, für den beginnt oftmals etwas vollkommen Neues. Viele erleben diesen Übergang wie eine Neugeburt oder einen Neuanfang und beschreiben diesen Zustand als Erwachen. In der buddhistischen Tradition wird dieser Prozess des erwachenden Bewusstseins mit der Entfaltung der inneren Buddha-Natur benannt. Buddha ist der Erwachte. In der christlichen Tradition würden wir von einem Erweckungserlebnis sprechen, in dem wir zu der Erfahrung des Christusbewusstseins erwachen.

Die *via purgativa* dient in diesem Prozess zunächst der Klärung der Grundnöte, der Läuterung des Ichs und der Schulung unserer Wahrnehmungsorgane. Am Anfang jeder ernsthaften spirituellen Wegpraxis steht daher die Einübung in das Leer- und Ledigwerden von Ansichten, Sorgen und Zwecken, das Innehalten, das sich Öffnen und Vorbereiten und das Suchen und Bereitwerden für Neues. Dabei geschieht eine allmähliche Annäherung an die Fähigkeit der wertfreien Beobachtung (das so genannte Zeugenbewusstsein) und des Einübens ins Loslassen und Annehmen dessen, was ist. Die *via purgativa* ermöglicht auf der psychologischen Ebene die Integration der bis dahin abgewiesenen, verleugneten oder verdrängten Schattenanteile.

Ganzwerdungswege sind Integrationswege, die das Abgespaltene und Unerlöste in das Ganze wieder einzufügen vermögen. Am Beginn eines spirituellen Weges nimmt die Klärungs- und Aufarbeitungszeit den meisten Raum ein. Zeitlich lässt sich dieser Prozess nicht festlegen. Spirituelle Lehrerinnen und Lehrer verweisen darauf, dass zehn Jahre für diese Wegstrecke eine gut angesetzte Länge wären, in der, wohlgemerkt, die *Grundausbildung* zu absolvieren wäre. Über die Zeitdauer der *via purgativa* lässt sich dementsprechend keine allgemeingültige Aussage treffen. Jede und jeder wird dabei seinen ganz eigenen Weg gehen müssen. »Geh deinen eigenen Weg, alles andere ist Irrweg.« Diesem Satz aus der »Antwort der Engel« können wir uns anvertrauen. Unsere Ernsthaftigkeit, Aufrichtigkeit und Hingabefähigkeit sind dabei ausschlaggebend. Diese Grundhaltungen können förderlich sein und unserer positiven Entwicklung dienen.

Von der Erleuchtung: Die *via illuminativa* gewährt Einblicke in die spirituellen Zusammenhänge und das Miteinander des Ganzen. Sie schenkt den Übenden Schritt für Schritt Erkenntnisse und Einsichten in die Geheimnisse des Selbst, des Kosmos und des allumfassenden Seins. Diese schrittweise Einsichtnahme gleicht einer gedimmten Lampe, die allmählich aufgedreht wird und immer heller erstrahlt. Die vormals verschatteten Räume werden von

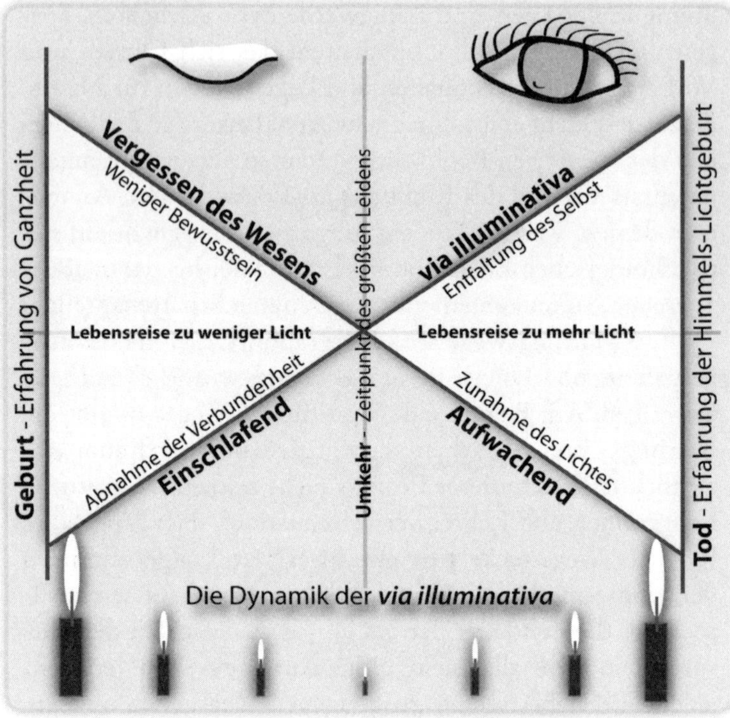

ihrem Licht erfüllt. Das Auge öffnet sich. Der Mensch erwacht und in ihm findet eine wirkliche und nachhaltige Bewusstseinswandlung statt. Dass in diesem Erleuchtetwerden auch die zugemüllten und verdreckten Ecken sichtbarer werden und die Leichen aus dem Keller sich zu Worte melden, sollte nicht verwundern und entmutigen. Auch dieser Wegschritt wird als Geburt des neuen Menschen, des Christus in uns und als das Absterben des alten von vielen Menschen erlebt. »Ich lebe, doch nun nicht ich, sondern Christus lebt in mir.« (Galater 2,20) Manche empfinden diese Veränderung als Geschenk und als spürbare Steigerung der Lebensqualität. Sie widerfährt häufig am Beginn des Weges, als »Anfängerglück«, und kann den so Beschenkten mit der Erfahrung der Teilhabe an der Gegenwart des Heiligen tief und nachhaltig berühren. Plötzlich blitzt eine Erkenntnis auf und erleuchtet das Bewusstsein. Ein gleichzeitiger Vorgang des Erkennens und des Erkanntwerdens – des Gebens und des Empfangens. Bei dem einen mit einem großen Paukenschlag und unerwartet und plötzlich, bei einer anderen als ein sich langsam entfaltender Reifungsprozess, in dem sich die Einsicht in das Bewusstsein des Heiligen sanft und leise bemerkbar macht und ausbreitet. Es gibt auf diesem Weg kein richtig oder falsch, jeder Mensch erlebt diese Erleuchtung anders.

Von der Einung: Als höchstes Ziel, als höchste Bewusstseinsstufe gilt in der Tradition des Herzensgebetes das unablässige Gottgedenken, das immerwährende Gebet oder

Die Dynamik des Ineinanders
von *via purgativa* und *via illuminativa*

auch das »Gebet des Geistes im Herzen«. Dieses Bewusstsein geht Hand in Hand mit der Fähigkeit zur Aufmerksamkeit und der schon beschriebenen Herzensruhe (*hēsychia*). »Aufmerksamkeit ist das unablässige Schweigen des Herzens, das frei ist von allen Gedanken. Zu allen Zeiten atmet es Christus Jesus. Es umfängt ihn, den allein das Herz sucht.« (Hesychios von Jerusalem, gestorben um 450).

Die christliche Mystik nutzt dafür den Begriff *unio mystica.* Er beschreibt die Einung der Seele mit Gott. Die Fähigkeit zum immerwährenden Herzensgebet ist die Frucht einer tief greifenden, über viele Jahre geschulten Lebenswandlung. Diese kontemplative Bewusstseinsqualität lässt sich auch als Vermählung oder »heilige Hochzeit« umschreiben und erwächst aus dem Reifen auf der *via unitiva* – dem lebenslangen Prozess der Vereinigung des menschlichen Bewusstseins mit dem göttlichen Bewusstsein. In vielen Traditionen wird als Grundlage zum Erreichen dieser Bewusstseinsstufe der Tod des Egos oder die Geburt des höheren Selbst vorangestellt. Nachdem die Reinigung und die Erleuchtung durchlitten und durchlebt wurden, ist ein solches bewusstes Innewerden (Einwohnen) Gottes erfahrbar, das sprachlich nur sehr unzulänglich mitzuteilen ist.

In der orthodoxen Tradition, in der eine der wichtigen Strömungen des Herzensgebetes beheimatet ist, spricht man von der Vergöttlichung des Menschen – der *theōsis.* Alles, was dann an uns, in uns oder durch uns geschieht, geschieht aus der Wahrnehmung der immerwährenden höchsten Präsenz in unserer eigenen Herzensmitte, die ihre Mitte im Zentrum der Welt und in der absoluten Mitte hat. Es ist die kontemplative Schau, in der wir eins in und mit der Gegenwart des Heiligen sind. Unser ganzes Leben ist von dieser Haltung geprägt und durchdrungen. In der Erfahrung des immerwährenden Gebetes wird das Immanente der Transzendenz erfahren und dabei diesseitig und jenseitig eingewurzelt. Rein äußerlich gesehen bleibt der

Mensch immer noch der Gleiche: atmend, essend und trinkend, zur Arbeit gehend oder mit dem Auto durch die Gegend fahrend. Wer dafür empfänglich ist, wird bei diesem Menschen vielleicht eine größere Ausstrahlung oder positive Grundgestimmtheit wahrnehmen. Doch der eigentliche Grund seiner Wandlung muss für Außenstehende nicht unbedingt sichtbar sein. In der Welt ist dieser Mensch ganz bei den Menschen und im Herzen ist er ganz bei Gott. Untrüglich ist in ihm eine wesensverändernde Wandlung geschehen; er ist auf einer höheren Bewusstseinsstufe erwacht und erkennt sich und jeden Augenblick seines Daseins in einem neuen Licht. Von diesem Zustand kann er sich von jetzt an leiten lassen und aus diesem Erkennen heraus fühlt er sich berufen, diese Erfahrung in der Welt zu bezeugen.

4. Kapitel
Vom Geheimnis des Gebetes »JA, ICH BIN DEIN«

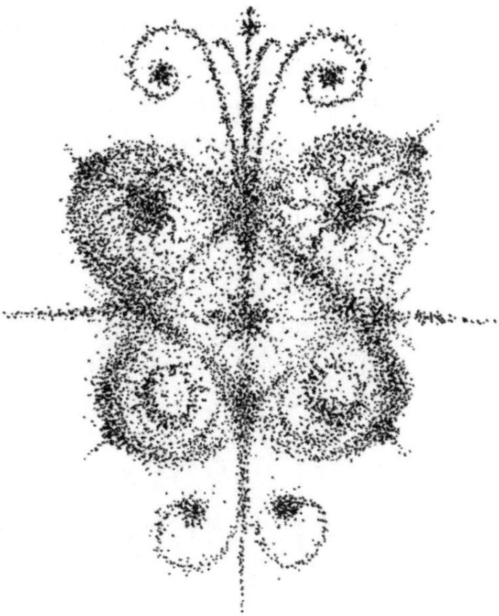

Ist die Erstlingsgabe vom Teig heilig,
so ist auch der ganze Teig heilig;
und wenn die Wurzel heilig ist,
so sind auch die Zweige heilig.
(Römer 11,16)

Die Hinwendung zum Heiligen

Vielfach wird in den vergangenen Jahrzehnten von einem sich vollziehenden Paradigmenwechsel, einer neuen Ära oder einem erwachenden neuen Bewusstsein gesprochen. Dieses so genannte »neue Bewusstsein« wird von den unterschiedlichsten Autoren beschrieben, die zwar einen jeweils anderen Akzent setzen, aber sich in ihrer Unterschiedlichkeit nicht widersprechen, sondern sinnvoll ergänzen. Geboren aus einer immer auswegloser erscheinenden Lage der Welt und einer immer größer werdenden inneren Not, erfahren diese Ansätze eine zunehmende Resonanz und tragen dazu bei, dass sich die Bewusstseinswandlung beschleunigt. Exemplarisch genannt seien hier die von Jean Gebser erforschte *aperspektivische Sicht des integralen und diaphanen Bewusstseins*, der *christuszentrierende Punkt Omega* eines Teilhard de Chardin oder das *Transparentwerden für die immanente Transzendenz* eines Karlfried Graf Dürckheim. Seien es die Ausführungen von Eckart Tolle zum *Jetzt*, der Begriff der *Transluzenz* von Arjuna Ardagh oder das *Integrale Modell* von Ken Wilber: In all diesen Beiträgen werden Sichtweisen herausgearbeitet, die erkennbare Aspekte eines aufbrechenden Paradigmas beschreiben. Und die Liste ließe sich sicherlich noch erweitern. Carl Friedrich von Weizsäcker beschreibt dieses Durchlässigwerden so: »Der Geist, der in der objektiven Natur dem Geheimnis seines eigenen Ursprungs begegnet, erlebt, wie das reine Sein gleichsam durchscheinend wird, als Träger einer nicht mehr aussprechbaren Bedeutung.«

Das in diesem Buch vorgestellte Gebet des Herzens JA, ICH BIN DEIN und die damit verbundene spirituelle Lebensgestaltung möchte Menschen dazu einladen, sich von einer Gottes- und Weltsicht inspirieren zu lassen, die im Einklang mit der modernen Naturwissenschaft mit dazu beitragen kann, diesen sich vollziehenden Bewusstseinswandel voranzubringen.

Die christliche Religion hat, trotz ihrer oftmals fragwürdigen Ausprägungen, unzähligen Menschen über die Jahrhunderte hinweg Trost, Halt und Sinn gegeben. Dabei konnte sich eine reiche geistliche Tradition entwickeln. Dieses Fundament und diese Erfahrungen können auch heute die Grundlage einer notwendig anstehenden geistlichen Erneuerung bilden. Zur Bedeutung der Tradition sagt der Komponist Gustav Mahler: »Tradition ist die Weitergabe des Feuers, nicht die Anbetung der Asche.« Die christlichen Institutionen sind eingeladen, das Lebendige und Brennende in ihrer Tradition weiterzuentwickeln, weiterzutragen und ans Licht zu holen. Dabei sollten sie ihre Energie nicht mit der Asche – dem Erstarrten, Überkommenen und schon längst Verbrannten – vergeuden, sondern die Schätze der Vergangenheit und die Perlen der Gegenwart nutzen, um der Religion wieder neue Kraft und neues Leben zuzuführen.

Die Hinwendung zum Heiligen bleibt das Wichtigste. Unser Bewusstsein auf Gott auszurichten sollte unsere größte Sehnsucht sein. Im Brennen unseres Herzens und dem unbedingten Sehnen nach Gott können wir die Kraft der Wandlung erfahren. »Du sollst den Herrn, deinen Gott, lieben von ganzem Herzen, von ganzer Seele und von ganzem Gemüt.« (5. Mose 6,5) Vielleicht ist das Vergessen des über die Welt Hinausweisenden die größte Hürde auf unserem Weg. Die Wiederaufnahme der Beziehung zum Heiligen möchte die Grundgestimmtheit sein, die unser Leben prägt und auf die wir uns ausrichten. Täglich und stündlich und augenblicklich – so oft wir Zeit dafür finden. Nur so wird es dem suchenden Menschen gelingen, die notwendige Transformation im Inneren zu vollziehen. Die Erneuerung und Wandlung unseres Bewusstseins wird weitreichende

Auswirkungen auf den Wandel in der Gesellschaft haben und bleibt, selbst in den kleinsten Schritten, der wichtigste und notwendigste Ruf dieser Zeit.

Die Gestalt des Gebetes

Die drei Gottesnamen. Das Herzensgebet JA, ICH BIN DEIN umfasst drei Teile, wobei jeder Teil ein in sich vollkommen umfassendes Ganzes darstellt. In jedem einzelnen Aspekt ruht verborgen die untrennbare Einheit. Es ließe sich auch von drei verschiedenen Gottesnamen sprechen, die alle dennoch immer auf das Eine zurückverweisen. Jeder einzelne Baustein dieses Namensgebetes repräsentiert eine bestimmte Grunddynamik, die ich ausführlicher im folgenden Kapitel beschreiben werde. Parallelen zu diesen drei Komponenten finden sich in allen großen Weisheitswegen wieder. In ihrer Tradition, Bezeichnung und Wortzuweisung klingen sie vielleicht anders, von ihrer Essenz und der dahinterliegenden Wahrheit her sind sie identisch.

Das erste Wort im Gebet ist: JA. Das Wort JA steht zunächst für Vertrauen und Offenheit. Es beschreibt die Fähigkeit des bedingungslosen sich Anvertrauens; darin wurzelt unsere unaufhörliche Anbetung. Das erste Wort des Gebetes verlangt von uns, dass wir uns ihm aufrichtig und ernsthaft hingeben und unser Vertrauen ganz kindlich in die Praxis dieses Weges legen.

Mit dem Gottesnamen ICH BIN, in der Mitte des Herzensgebetes, verbinden wir uns mit der Essenz unseres Seins. Wenn wir das, was unsere ICH-BIN-heit wirklich ist, wahrnehmen, können wir die Richtung unseres Weges immer selbstbewusster, selbstverantwortlicher und einsichtiger steuern und erkennen. Das mag unterschiedlich verlaufen, doch dieser geschenkte Prozess folgt einer natürlichen Stufenentwicklung, entsprechend unserer Aufnahmefähigkeit und unseres jeweiligen Reifegrads. Schrittweise erkennen wir, wer oder was wir sind bzw. nicht sind, und können uns in unseren Vorstellungen und Konzepten beobachten und wahrnehmen. Mit der Entwicklung der Gabe der Unterscheidung (*diakrisis*) wächst unsere Einsicht in das ICH BIN.

Das dritte Wort für Gott in unserem Herzensgebet umfasst den Bereich des Dienens und der Hingabe. Durch das Wort DEIN treten wir in Beziehung zu dem, was um uns herum geschieht. Das Du ist das kommunikative, integrative und in Beziehung tretende Merkmal Gottes. Wir dienen dem Du, dem oder der anderen und erkennen in ihr oder in ihm unser ureigenes Selbst. Im DEIN wirkt das dialogische Prinzip Gottes.

Alle drei Teile spiegeln so das liebevolle Geheimnis Gottes: Erstens ist Gott das bejahende Allumfassende, das ganz Andere und das in allem wirkende Mysterium. Das große JA. Zweitens ist Gott zugleich die tiefste Wirklichkeit in uns, als unser ICH BIN; und drittens offenbart sich Gott als das DEIN. Diese trinitarische Wahrheit ist in die universal gültige Qualität des Gebetes JA, ICH BIN DEIN eingeschrieben.

Der unitive Einklang. In der alten Tradition des Herzensgebetes wurde die Anrufung häufig an ein Du gerichtet. Dieses Du war meistens Gott oder Jesus Christus. Es war die primär personale Anrufung Gottes außerhalb von uns – des ganz Anderen. Heutzutage drückt sich für viele Menschen die Erfahrung mit dem Göttlichen auch anders aus und erfordert eine neue Sprache und neue Gestaltungsform, um tatsächlich vom Klang der Liebe berührt zu werden. In der derzeitigen Entwicklungsstufe des mystischen Gebetes können wir uns bewusst mit einer Kraft verbinden, die sich zugleich mit uns verbindet. Um dieses Geschehen zu benennen, möchte der Begriff *unitiver Ein-*

klang eine Hilfe sein. Das hier vorgestellte Gebet JA, ICH BIN DEIN ist ein *unitiver Einklang*.

Doch was bedeutet das? Ich habe nach einem stimmigen Begriff gesucht, um den ganz eigenen Charakter und das Besondere dieser hier vorgestellten Herzensgebetspraxis zu veranschaulichen. Der Ausdruck *unitiver Einklang* nimmt Bezug auf den Wegaspekt der *via unitiva* und scheint mir geeignet zu sein, um auf die vereinigende Qualität und mystische Dimension dieses Gebetes hinzuweisen. Im *unitiven Einklang* verbinden sich zwei voneinander zu unterscheidende Kräfte zu einer Kraft und Wirklichkeit. Die eine Kraft wird durch das irdische Herz symbolisiert, das sich mit dem himmlischen Herzen in einem Klang vereint. Der *unitive Einklang* ist ein heiliges Herzensgebetswort, das Himmel und Erde in sich vereinend zum Klingen bringt und dabei Sender und Empfänger zugleich ist.

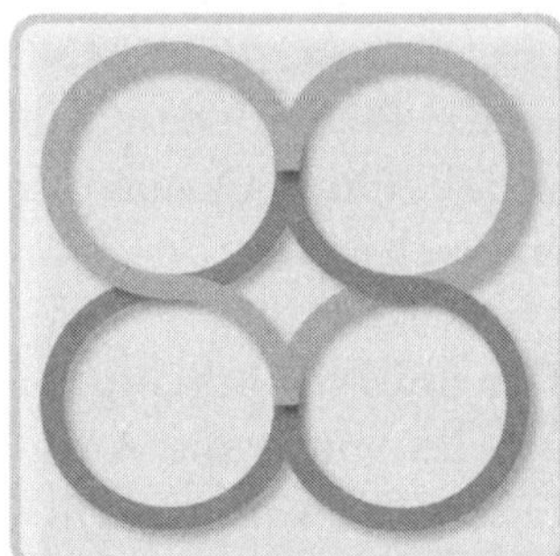

Der unitive Einklang

Wenn wir den Satz »Ja, ich bin dein« beten, können wir eine doppelte Ausrichtung wahrnehmen, die sich zeitgleich manifestiert. Zum einen wendet sich der betende Mensch an Gott. »Gott, ja, ich, Stephan Hachtmann, bin dein, ich Mensch in Zeit und Raum gehöre dir ganz, und ich wende mich mit meiner ganzen Aufmerksamkeit jetzt an dich, du, Gott der Liebe. Ja, ich (Stephan) bin dein. Ich bin dein Wille, der geschehe. Jetzt und in Ewigkeit.« Und zum anderen spricht zu mir in der gleichen Anrufung das göttliche Geheimnis und antwortet mir: »Ich, Gott, ich bin dein. Ich gehöre dir ganz, umfange dich ganz, wirke in dir dein Sein. JA, ICH (Gott) BIN DEIN. Ich bin dein Wille, Stephan, der geschehe. Jetzt und in Ewigkeit.« In einem Satz. In einem Gebet. Bei jeder Wiederholung des Mantras finden diese beiden Perspektiven und Kraftausrichtungen Heimat und Wirkungsstätte. Das ist der *unitive Einklang*.

Raum und Zeit umfassend werden dabei alle Stufen und Ebenen des Bewusstseins in jedem Augenblick neu berührt. Dieses gebetete Energiekraftfeld ist Ein-Klang. Unvermischt schwingen darin die tausendfältigen Namen Gottes. Ungetrennt ist im unitiven Einklang der Klang der Liebe anwesender Ausdruck für das göttliche Mysterium. JA, ICH BIN DEIN. JA, ICH BIN DEIN. Dieses Gebet ist ein Ein-Klang in unitiver Einfachheit. Unser Wort ist darin eingebetteter Gebetsruf und Schwingung und kann die Wiederbelebung der Heiligkeit von Raum und Zeit vorantreiben. Jede innere Haltung, jeder Gedanke, jedes Gebet und jedes Mantra, das sich auf diese gleichzeitig sich durchdringende Bewusstseinsqualität ausrichtet, verstärkt das Kraftfeld, das die Resakralisierung (»Zurückheiligung«) von Zeit und Raum, so wie es der vielleicht prominenteste Vertreter einer neuen Schöpfungsspiritualität Matthew Fox ausdrückt, voranbringt. Bewusst gedacht oder gesprochen, verkörpert dieses Gebet ein Bewusstsein, aus dem heraus heilsame Wandlung geschehen kann. Immer, wenn wir dieses JA, ICH BIN DEIN sprechen, können wir uns mit dieser Kraftquelle verbinden, die die vollkommene und absichtslose sich ewig entfaltende Liebe Gottes ist. Und gleichzeitig antwortet uns diese Kraft mit ihrem Sehnsuchtsklang JA, ICH BIN DEIN. Das ist die umfassendste Bejahung allen Seins. »Wie du, Vater, in mir bist, so bin ich in dir.« (Johannes 17,21) Du und ich sind eins, »damit sie alle eins sind« (Johannes 17,21). Das ist kontemplative Erkenntnis, die das Teilhafte als Teil des Ganzen im Zustand der Liebe wahrnimmt. Mit dem Wortklanggeschehen JA, ICH BIN DEIN erschaffen wir ein sich selbst erkennendes und sich gleichzeitig antwortendes Schwingungsfeld, das höchstes Bewusstsein vereinigt und manifestiert. Der unitive Einklang verweist auf eine Wirklichkeit, die als sich gegenseitig durchdringender Zustand in seinem ganz individuellen Ausdruck unterschiedliche Gestalt annehmen kann. Der Begriff *unitiver Einklang* ist die Umschreibung für eine Wirklichkeit, die einfältig und vielfältig zugleich ist. Sowohl als auch – als gleich-gültige, integral und ineinander verwoben wirkende Wahrheit.

Das Oxymoron. Eine andere Begrifflichkeit, die verwendet wird, um die Erfahrung mystischer Vereinigung näher in Worte zu fassen, ist das Oxymoron. Das Oxymoron beschreibt, ähnlich wie der unitive Einklang, sehr treffend das Ineinander zweier zugleich existierender Wahrheiten. Das Oxymoron ist ein früher häufiger verwandtes Wortspiel von *oxys* – scharf, spitz, durchdringend – und *moros* – stumpf, ohne Spitze und daher träge, dumm und schwachsinnig. Zwei sich scheinbar widersprechende Wahrheiten werden in einer Aussage verbunden: »Die Musik ist schaurig schön« oder »Es ist ein offenes Geheimnis«. Für die Beschreibung von scheinbar Gegensätzlichem und gleichzeitig Existierendem benutzt man ein Oxymoron. Mystische Sprache ist oxymoronische Sprache und findet etwa in dem Bild vom »stillen Geschrei« seinen Ausdruck. In einem anonymen Brief aus dem 15. Jahrhundert heißt es:

O lichter Glanz, ausdringende Kraft,
bloße Verborgenheit, verborgene Sicherheit,
sichere Zuversicht, ein'ge Stille in allen Dingen,
mannigfaltiges Gut in einiger Stille,
du stilles Geschrei, dich kann niemand finden,
der dich nicht zu lassen weiß.

Das Ineinander gleich-gültiger Wahrheiten übersteigt unsere gewohnte Art zu denken. Vielleicht ist uns das Wort paradox vertrauter. Der Mystik wurde häufig eine paradoxe Wortstilistik zugeschrieben. Eigentlich ist diese Verwendung vom inneren Gehalt her jedoch nicht präzise, da es sich nicht um ein Nebeneinanderstellen (lat. *para* – neben – und *doxai* – Meinungen) von Aussagen handelt. Das Sich-gegenseitige-Durchdringen von etwas wird zutreffender mit dem Wort Oxymoron beschrieben. Der oben eingeführte Begriff unitiver Einklang umfasst dieselbe Wahrheitstiefe, bezieht sich aber ausschließlich auf die in diesem Text vorgestellte Gestalt des Herzensgebetes. Bei allen Begrifflichkeiten ist dieses nichtduale Verstehen die Voraussetzung, damit unser Bewusstsein tief in die Geheimnisse des universalen Gebetes JA, ICH BIN DEIN eintauchen kann. Um dieses Ineinander von Unbedingtem und Bedingtem, Himmel und Erde, von Gott und Mensch, Geburt und Tod, Relativem und Absoluten, Vergangenheit und Zukunft zu erfahren, ist es unumgänglich, sich auf einen neuen Erfahrungsraum in der Tiefe unseres Wesens einzulassen. Die Verbreitung des Einheitsbewusstseins ist das Aufleuchten des Lichtes in uns, die Durchlichtung unseres Seins. Das gleichgültige Nebeneinander verschiedenartiger Sicht- und Denkweisen ist die mehrdimensionale Anerkennung und Berechtigung des Verschiedenen in dem Einen. Unsere ursprüngliche Wesensgestalt ist Licht-Materie-Gestalt – unitiver Einklang.

Variationen zu Christus

Was ist ein Herzensgebet?

Die Kraft des JA

Das kindliche JA. Auch so kann das ewige Geheimnis des Werdeseins zu uns sprechen: »In deinem JA-Sagen vollführst du einen ersten Schritt auf MICH zu. ICH BIN die eine ungetrennte Liebe in allem, was ist – ICH BIN Ausdruck deiner tiefsten Sehnsucht. Dieser erste Schritt zu MIR ist *deine* Aufgabe. ICH BIN immer da, um dir zu helfen. Jubelnd nehme ICH deine erste Bewegung und dein Vertrauen wahr. Es ist wie bei einem Kind, welches beginnt, die Welt zu entdecken. Dieses Kind wird nichts lernen, wenn ihm alles abgenommen wird. Wache auf und lerne zu laufen. Die Erfahrung deines Sturzes und die Begegnung mit deinem Scheitern und Wiederaufstehen kann dein ganzes Leben heilsam prägen. So gewinnst du, mein Kind, bei jedem neuen Anlauf Vertrauen und Kraft, Fähigkeit und Stabilität. Immer fähiger, deinen Bewegungen zu vertrauen. ICH komme dir mit großen Schritten entgegen, helfe dir auf und gebe dir Mut und Zuversicht, wenn du am Boden bist. Geduldig und liebevoll halte ICH mich zurück. Du lernst aus deinen Erfahrungen, und mit jedem noch so kleinen Schritt erinnerst du dich MEINER Einheit, die in dir, um dich, durch dich und mit MIR existiert. Deine Einwilligung in dieses Reifen ist der Schritt, den du zuerst gehen musst. Geh und sprich nur immer wieder dieses erste JA, und dieses erste JA wird dich alles lehren. Vom Jetzt an in diesem Augenblick bis zum unschuldig neuen Anfang im nächsten Jetzt des nächsten Augenblicks.«

Der geistliche Lehrer und Gründervater der Schönstattbewegung Pater Josef Kentenich (1885–1968) sagt zum Kindervertrauen, aus dem heraus wir das JA-Sagen einüben können: »Wenn wir das fertigbrächten, in großer Einfalt immer nur das schlichte JA zu sagen, wie ein Kind, was der liebe Gott dann alles mit uns zuwege brächte.« Der *liebe* Gott ist der wirklich *alles* liebende Gott, der alles mit hingebungsvoller Kraft durchdringt und umfasst. Pater Kentenich hat diesen Gott als den wirklich Liebenden erfahren und verbindet daher ganz bewusst das Mysterium der Allgegenwart mit dieser Eigenschaft Gottes. Denn Gott ist die Liebe. Gott ist der liebe Gott, und unser Vertrauen in Gott ist das Vertrauen, das ein Kind zu seinen Eltern hat. Kinderurvertrauen in höchster Vollendung, denn »Gott will, dass wir in heiliger Weisheit unsere Kinderart zurückgewinnen« (Rabindranath Tagore).

Die Rede vom lieben Gott weckt vielleicht Erinnerungen an ein überholtes und dualistisch geprägtes Gottesbild, in welchem wir Gott auf vermenschlichte, verharmlosende und verniedlichende Eigenschaften reduzieren und ihn für das Gute vereinnahmen und das Böse dem Teufel und der Sünde überlassen. Dieses gespaltene Bild von Gott ist hier nicht gemeint. Zu viele schlechte Erinnerungen aus unseren Kindheitstagen, in denen der liebe Gott im Himmel wohnte, die Guten belohnte, wohingegen er die bösen Sünder in die ewige Verdammnis schickte, haben in vielen Menschen ein zerstörerisches Bild vom lieben Gott eingeprägt, mit dem sie heute nichts mehr anfangen können. Und das ist gut so. Der liebe Gott, der richtet, straft und allmächtig über uns thronen soll, der hat für viele Menschen in dieser Zeit glücklicherweise keine verwandelnde oder bedrohliche Kraft mehr.

Der Gott aber, den wir mit einem liebevollen Du anreden, kann dagegen ganz lebendig und gegenwärtig in unserem Leben wirken und in sanfter Weise zu uns in Beziehung treten. Dieses Miteinander ist eine Ebene, auf der Gott geliebt und angebetet sein darf. In diesem Du erfahren wir Gott vielleicht als die uns gegenüberstehende bedingungslos liebende, mütterlich oder väterlich an uns wirkende Kraft. Sie hat uns erschaffen, und aufschauend wenden wir uns ihr zu. Aus der Perspektive der Einheit erfahren wir Gott zugleich als die alles durchdringende und umfassend wirkende Kraft des einen absoluten Seins. Der liebe Gott betritt also personal unsere Bewusstseinsbühne, *und* zugleich weist der liebe Gott darüber hinaus und lässt sich als die apersonale mystische Tiefe erspüren, die alles miteinander verbindet. Lassen wir noch einmal Pater Josef Kentenich zu Worte kommen: »Was der liebe Gott von uns verlangt? Ein JA sagen zu seiner Planung, nicht nur ein geduldiges JA, sondern ein herzhaftes, ein sehnsüchtiges JA. Ein kindlich frohes JA zu meinem Lebensweg, ein kindlich mutiges JA zu meinem Kreuzesweg, ein kindlich vertrauendes JA zu meinem Himmelsweg. … Die Erlösung des Verstandes bedeutet nicht viel, was am meisten ins Gewicht fällt, ist die Erlösung des Herzens. Auf das Herz kommt es letzten Endes an! Wenn nur der Wille sich krampfhaft bemühen muss, ein JA zu sagen, sicher, das ist recht verdienstvoll, ist recht wertvoll, aber die Hauptsache in unserer Erziehung besteht darin, dass wir ein freies, königlich freies Herz haben, das nur diesen Schlag kennt. Und der eine Schlag heißt: JA, Vater, JA, dein Wille stets geschehe, ob er nun Freude bringt, ob Leid, ob Wehe!« (Pater Josef Kentenich, *Gott mein Vater*)

Mein JA reicht aus. Mit diesem eindeutigen und klaren JA beginnt das Herzensgebet JA, ICH BIN DEIN. Es ist Grundbekenntnis und Grundhaltung. Dieses JA ist die allererste und notwendigste Klarstellung unserer inneren Ausrichtung. In diesem JA ist bereits alles andere anwesend. In der verborgen wirkenden tiefgründigen Wirklichkeit des Wortes JA kann der Weg zu unserem Heilwerden geebnet werden. Durch unsere freiwillige Grundbejahung kann unser innerer Weg Orientierung finden und wird zum erfüllten Leben in der Gegenwart des Reiches Gottes. Von Augenblick zu Augenblick und in jedem Jetzt unseres Lebens. Mit unserer Geduld und Beständigkeit und durch die immer wieder neue Verbindung und Aufrechterhaltung dieser ursprünglichen JA-Lebenseinstimmung laden wir die Möglichkeit einer Verwandlung zu uns ein. Dieses einwilligende JA befruchtet unseren Weg ins heile Land und lässt uns, wie der spirituelle Dichter Lorenz Marti (geb. 1952) formuliert: »Einstimmen in das große JA, das nach der übereinstimmenden Botschaft der Religionen als Grundmelodie durch das ganze Universum tönt. Ob es regnet oder ob die Sonne scheint, ob ich jung bin oder alt, ob gesund oder krank, erfolgreich oder erfolglos, groß oder klein, reich oder arm – es gibt ein allumfassendes, kosmisches JA, das diese Gegensätze auflöst (und als anzunehmende Polaritäten in meinen Alltag integriert). Ein JA jenseits der üblichen Ja/Nein-Logik. Ein JA zum Zusammenspiel von Ja und Nein, hell und dunkel, gut und böse, Leiden und Freude, Glück und Unglück, Leben und Tod. Ein JA ohne Bedingungen und ohne Einschränkungen.« (Lorenz Marti)

In unserem Dasein und Sosein in dieser Welt haben wir regelmäßig zu klären: Will ich wirklich in eine umfassende bejahende Lebenshaltung hineinwachsen? Bin ich bereit, im Urvertrauen die Widerfahrnisse des Lebens anzunehmen? Spätestens bei den unangenehmen Dingen fällt uns dieses vermutlich schwer. Der Alltag mit seinen Widersprüchen und Begegnungen spiegelt uns sehr deutlich und oftmals schmerzhaft unsere innere Entfernung von der lebensspendenden Quelle des JA. Jedes Mal, wenn sich ein lautes Nein in uns meldet, können wir uns fragen: Wie kann es möglich werden, die gegenwärtige Situation und mein Schicksal zu bejahen? Wodurch gelingt es mir, das Unannehmbare anzunehmen? Wie kann ich darauf vertrauen, dass in der Dunkelheit jenes Licht erscheinen wird, welches unberührt von der Finsternis leuchtet und von ihr nicht vertrieben werden kann?

Die tägliche Begegnung mit Widerstand und Scheitern kann die beste Übung sein, um in uns die reinigende Dynamik der Bejahung in Bewegung zu halten. Dabei kann uns das Elend im Alltag auf eine höher oder tiefer angelegte Ebene unseres Wohlgefühls und Sinns transportieren. Unser Scheitern möchte uns nicht zerstören und uns zu Fall bringen, sondern unser Scheitern ist die weise Schulung, die unser Wesen kräftigen und weiterentwickeln möchte.

Ein Beispiel: Vor einiger Zeit hatte ich ein im Nachhinein für mich sehr kostbares Erlebnis. Es war Sonntag früh und ich wollte zum Bäcker, um ein paar frische Brötchen zu holen. Ich nahm unseren Müll mit hinunter, die Tonnen liegen auf dem Weg. Damals befand ich mich in einer sehr anstrengenden Lebensphase und war mit meinen Gedanken ganz woanders. Ich war sozusagen mit meinem eigenen inneren »Müll« beschäftigt und haderte mit mir und meinem Leben. Ganz versunken in diese Gestimmtheit, befand ich mich plötzlich am Ende unserer langen Straße in der Nähe der Bäckerei wieder. In den Händen, in durchsichtigen Tüten, immer noch unseren stinkenden Müll. Ich war etwas überrascht und irritiert. Das war mir noch nie passiert. Und dann kam der Gedanke: »Du nimmst deinen Müll einfach immer mit. Egal, wohin du gehst. Egal, welcher Situation du zu entfliehen versuchst!« Deutlicher und humorvoller konnte die »Feile Gottes« nicht ansetzen. Ich ging also den Weg zu unserer Mülltonne zurück und trottete ein wenig getröstet ein zweites Mal Richtung Bäcker. – Doch dieses Erleben schenkte mir noch eine weitere Lektion: Einige Tage später entdeckte ich bei dem vietnamesischen Mönch Thich Nhat Hanh (geb. 1926) eine Passage, in der er vom Kompost spricht: Der riecht unangenehm, beinhaltet Verrottetes, sieht überhaupt ziemlich markant aus. Doch gerade dieser stinkende Haufen wird der fruchtbare Boden, aus dem später duftende Rosen erblühen können. Das gab mir Kraft und Mut zum Weitergehen – in meinen Müllbergen. Wie der Kompost Geduld braucht, braucht auch mein innerer Müll Zeit, damit er zu einem Boden werden kann, in dem Rosen blühen! So lernte ich, zu meinem inneren Müll JA zu sagen. In einhundert Buchstaben zusammengefasst, klingt diese Lektion dann so: »Wenn du wartest, bis die Rosen erblühen, hat der Abfall genügend Zeit, um zum heiligen Diener der duftenden Liebe zu werden.«

Mein großes, umfassend bekennendes JA kann der Heimatort meines Grundeinverständnisses mit dem Leben sein. Mein JA ist die Grundmelodie des Einklangs, der Gegensätzliches verbindet und Ausgeschlossenes integrieren kann. Dieses JA ist ein Willenstraining, zu dem ich mich in gewisser Weise verpflichten kann, damit es bereitwillig meinen Lebensprozess formt und wandelt. Ich gebe mein Einverständnis, damit die Verwirklichung meines Wesens ins Fließen kommen kann. Die Fähigkeit zum JA bereitet den Boden für eine Einwilligung in die Geschehnisse der Gegenwart. Es ist keine besonders komplizierte Methode oder Technik, die ein umfassendes Studium oder eine andere spezielle Begabung erfordert. Mein schlichtes JA benötigt vor allem Beharrlichkeit und Treue auf dem Weg. In meinem Zweifel, in meiner Unsicherheit und in meinem Nicht-vertrauen-Können übe ich mich darum mit kleinen Schritten in diese Lebenshaltung ein.

Jesus Christus, der JA-Sager. Jesus Christus als das innere Urbild der Einheit ist der ewige JA-Sager. Er kann in allergrößter Not und in Zeiten der Verzweiflung aus dieser Grundhaltung schöpfen und in Verbindung mit seinem Vater treten. Bei seiner Gefangennahme im Garten Gethsemane, kurz vor seiner Kreuzigung, formulierte Jesus das Gebet: »Vater, willst du, so nimm diesen Kelch von mir; doch nicht mein Wille geschehe, sondern dein Wille geschehe.« (Lukas 22,42) Das ist grenzenlose Bejahung. Der Apostel Paulus nennt Christus das große JA. »Gott ist mein Zeuge, dass unser Wort an euch nicht Ja und Nein zugleich ist. Denn der Sohn Gottes, Jesus Christus, der unter euch durch uns gepredigt worden ist, … der war nicht Ja und Nein, sondern es war JA in ihm. Denn auf alle Gottesverheißungen ist in ihm das JA.« (2. Korinther 1,18–20) Unser menschliches JA ist unsere bedingungslose Antwort auf das ewig Liebende im Herzen allen Seins. Unser innerstes Christusselbst *ist* das JA und wirkt in allen Dingen.

JA zu unserem Kreuz. Das Kreuz als zentrales christliches Symbol drückt nicht nur das Leid unseres Lebens aus oder symbolisiert das Koordinatensystem für das Jetzt, sondern das Bild vom Kreuz ist zugleich das Bild der Vereinigung des Gegensätzlichen und das verheißungsvolle Zeichen der Auferstehung. Im Bild des Kreuzes ist die Einheit aller Gegensätze präsent. Die Grundvoraussetzung für Versöhnung der Gegensätze ist das JA zu dieser uns verheißenen Wandlung des Lebens. Unser JA ist die Eintrittskarte in die Welt einer Wahrheit, die mehrere Pole hat und hinter unserem Kreuz als Auferstehung aufleuchtet.

Das Kreuz anzunehmen bedeutet, JA zu sagen. JA zu allem, was in uns wuselt und unsere Pläne zu durchkreuzen scheint. JA zu allem, was uns an das Böse dieser Welt fesselt und nagelt. JA zu allem, was uns beschwert und unser Leben behindert. Wenn wir unser Kreuz auf uns nehmen, können wir uns mit unserem Versagen und Scheitern versöhnen. Wir muten uns die Last unseres dunklen Seins zu und öffnen uns den verdrängten und verborgenen Bereichen unserer Lebensrealität. Mit einer bejahenden Grundhaltung schließen wir nichts aus, was uns widerfährt oder widerfahren könnte, und halten alles für möglich. Gerade in der Realität des Gekreuzigt-Seins, dort, wo sich die Dunkelheit unseres Lebens am schmerzhaftesten zeigt, kann sich uns das Tor der Hoffnung, die Gnade der Erlösung öffnen.

Viele Menschen machen erst in einer Krise des Lebens die Erfahrung des Aufstrahlens einer Wirklichkeit, die ihnen dann den Zugang zu einem neuen JA zum Leben wieder öffnet. Durch Leid und Schmerz hindurchgegangen, kann sich unser JA zum Kreuz des Leidens in ein befreiendes JA zum Kreuz des Lebens verwandeln. Die neu gefundene Fülle und die unser ganzes Sein durchströmende Lebenskraft kann uns diese Ganzheit wieder spüren lassen und ist der verborgene Sinn unseres Bemühens, in das JA zum Leben zurückzufinden. Im Kreuz trifft die Verschiedenartigkeit und Unterschiedlichkeit der allumfassenden Schöpfung aufeinander. Diese Kreuzesdynamik entfaltet sich in uns und um uns herum auf vielerlei Weise. In allen zerbrochenen Beziehungen, in allen Brüchen des Lebens, in aller scheinbaren Sinnlosigkeit und Ungerechtigkeit, in allem Tod und in aller Trostlosigkeit der Einsamkeit fordert die unverhüllte, leidgetränkte Realität des Weltgeschehens unser bedingungsloses JA. Vom Kreuz her kommend, kann mit unserem JA der nie endende Prozess unseres Lebens ungehindert fließen. Die Kreuzesliebe hat die Macht, uns und die Welt in ein großes JA zum Leben zu verwandeln.

Der neue Mensch, die neue Frau und der neue Mann, leben aus der inneren Gewissheit, bejahen zu können und freiwillig alles bejahen zu dürfen. Dürckheim vergleicht diese Urbejahung mit dem »Aufglühen des Unendlichen« in allen Lebenssituationen. Dieses aufglühende JA ist die Erinnerung und Anforderung in aller Erdverbundenheit, den Himmel nicht zu verspielen. »Das Aufglühen des Unendlichen setzt das Ausglühen im Endlichen voraus, immer wieder. Das ist das Feuer, der Brand, darin der Mensch sich in der Werdeformel seines Wesens immer von Neuem erkennt und aus ihm heraus immer wieder neu und zu etwas Neuem hin zu sterben und zu leben beginnt.« (Karlfried Graf Dürckheim, *Vom doppelten Ursprung des Menschen*) Das zurückzugewinnende und zurückzuerinnernde JA ist kein bequemer Weg. Stolpersteine und Hindernisse, Rückschläge und Stauungen, Umwege und Irrwege sind charakteristisch für dieses neue, bewusst sich anzueignende JA. Die Höhen und Tiefen, die wir erleben, gleichen dem Auf und Ab der Wogen eines vom Sturm aufgewühlten Meeres. Getragen von der Sehnsucht nach Ganzheit, können wir uns den Talfahrten in die Lebenstiefen anvertrauen und den zum Verweilen verlockenden Gipfelerfahrungen freiwillig widerstehen. Im Nichtanhaften an erfahrene Zustände können wir bei aller Unruhe und Unberechenbarkeit die Stille unseres Lebens zurückgewinnen. Diese schweigende Stille überragt die schrille Unruhe des Weltlebens und vertraut sich der Unbedingtheit des ganz anderen Seins an. Nur das bedingungslose JA zu unserem Kreuz und dem Kreuz der Welt kann die Rebellion unseres Geistes besänftigen und uns in die Ruhe des Herzens führen.

Wenn wir uns dazu bekennen, das, was geschieht, anzunehmen, öffnen wir uns vom Herzen her den Geschehnissen, die uns widerfahren. Es gibt eine verbreitete orthodoxe Ikone, auf der Christus Adam in der Hölle umarmt. Ein großartiges Bild. Wenn es uns gelingt, unser Dunkles, unser Leidvolles, unsere tiefste Finsternis, unser Abgründigstes zu umarmen, anstatt es von uns zu stoßen und es zu verdrängen oder zu betäuben, dann kann das Göttliche in uns Herberge finden und uns verwandeln und erlösen. Dieses Einwohnen der göttlichen Wirklichkeit geschieht durch unsere freiwillige Bereitschaft – durch unser grundlegendes JA zum Leben an sich – in allem Scheitern, trotz aller Schrecken und in aller Unvollkommenheit. In dieser Weise ist Christus in uns anwesend. Als Stimme der Liebe. Nicht verurteilend oder verdammend. Nicht bewertend oder unterteilend. Mitfühlend und vergebend erklingt seine ganze Botschaft in uns wie ein großes und weites JA!

Christus hat JA zu seinem Leben gesagt und er hat JA zu seinem Tod gesagt. So umfassend hat er von Augenblick zu Augenblick das Leben umarmt. Die Bejahung des Todes ist eine weit verbreitete spirituelle Übung und möchte uns in die Annahme des Vergänglichen hineinformen. Wenn es uns gelingt, JA zu der Weisheit unseres Todes zu sagen, haben wir die größte Herausforderung unseres Lebens angenommen. Dann wird das erstarrte Leben als Prozess, als vorübergehend erkannt und gerät wieder in Fluss. Der Tod und das Sterben möchten uns an das hintergründig wirkende Unvergängliche in allem Vergänglichen erinnern. »Lehre uns bedenken, dass wir sterben müssen, auf dass wir klug werden.« (Psalm 90,12) Jeden kleinen oder großen Tod können wir darin als Geburt erkennen, und unser Leben kann in seiner wahren unvergänglichen Größe als sich immerwährend entfaltende Himmelsgeburt aufleuchten. Die Bejahung von allem, was geschieht, bleibt Aufgabe und Übung während unseres ganzen Lebens, besonders aber am Lebensende. Vielleicht kann es hilfreich sein, uns den Tod mit einem mütterlichen Antlitz und als Himmelsgebärerin vorzustellen, die nichts anderes in ihrer gütigen Liebe ersehnt, als uns in Licht zu verwandeln. Wenn es uns gelingt, den Tod als das letzte große Transformationsabenteuer willkommen zu heißen, kann diese garantiert eintretende Erfahrung unser Leben jetzt schon mit Sinn erfüllen.

Das Leben an sich sagt JA. Unser JA ist der allem Sein innewohnende göttliche Urklang der Einfaltung und Ausfaltung des Lebens. Der evolutionäre Ausdruck des Lebens ist in seiner schöpferischen Dimension vielleicht das deutlichste Symbol für das große JA. Leben möchte sich entfalten. Alles Leben drängt ums Weiterleben, ums Überleben, um Fortpflanzung und Vermehrung. Dieses allem Leben innewohnende JA durchwirkt auch unser Leben und alles Leben um uns herum. Es ist das Leben aller noch nicht erwachten Dinge, die danach streben, sich miteinander zu verbinden und neues Leben zu erschaffen. Diese Kraft wirkt in allem. Das große sich entfaltende JA der Evolution umfasst alle Gesellschaftsstrukturen, alle Lebenssysteme und alle Bewusstseinsdimensionen. In allem, was das universale Leben ausmacht, wird sich das Leben als bejahendes Leben bewusst. Auch wir sind eingeladen, diese verborgen wirkende Kraft zu erspüren, die JA sagt zum Leben, so wie es alle anderen Geschöpfe und Dinge zu allen Zeiten und in allen Kulturen getan haben.

Selbst vor Auflösung und Beendigung schreckt das große JA des Lebens nicht zurück. Das JA fügt sich ein in das Vorübergehende des Lebens und widersetzt sich der Illusion, dass irgendetwas ewig sei. Gerade in der Fähigkeit, das Vergängliche zu akzeptieren, gewinnt bejahendes Leben seine größte Gestaltungskraft. Es ist der gültige Ausdruck ewiger Neugeburt. Die Neuschöpfung, die Fülle und die Vielfalt sind die Wachstumsrichtungen und Erscheinungsweisen des einen Lebens. Der Theologe Paul Tillich sagt über das Bejahende des Lebens: »Das Ziel allen Lebens ist mehr Leben, Leben in reicher Fülle. Im Universum wie in jedem Einzelnen.« (Paul Tillich, *Religiöse Reden*)

Das JA Marias. Auch Maria als die Mutter des göttlichen Kindes ist Symbolbild und Archetyp des Empfangens und Gebärens der Liebe. Maria hat die Geburt des großen JA-Sagers in ihrem JA-Sagen erlebt. Sie ist in dieser Weise offen und bereit, den Heiland als den Friedefürst, Wunderrat und Christus in sich zu gebären. »Siehe, ich bin des Herrn Magd; mir geschehe, wie du gesagt hast.« (Lukas 1,38) Das ist ihr ewiges JA zur Geburt Gottes in ihr. Auch wir sind in dieser Weise verbunden mit der Hingabefähigkeit der Maria. Maria möchte JA-sagend in uns das neue Leben empfangen. Dieses ist die heilsame Bedeutung *unseres* Maria-Seins. In der Bibel begegnet uns an vielen Stellen diese Treue zum ewigen Bund des Lebens. Leben geschieht als JA, als Bewegung, die sich nicht verweigert und erstarrt, sondern sich dem Fluss der ewigen Neugeburt hingibt.

Eine bejahende Kraft ist eine Leben erschaffende Kraft. Bejahung verbindet, empfängt, gebiert und nährt.

Das JA im Scheitern. Normalerweise hemmt Resignation die Lebenskraft und behindert die Verwirklichung unserer Potenziale. Manchmal bedeutet diese Resignation aber auch ein Aufgeben, um uns mit dem Nichtwissen von etwas anzufreunden. In dieser Art und Weise des Aufgebens geben wir uns frei für Neues. Können wir unser Scheitern und unsere Vergänglichkeit bejahen, begeben wir uns wieder zurück in den Fluss des Lebens. Da, wo es uns gelingt, zu den Widrigkeiten des Lebens eine akzeptierende Grundhaltung einzunehmen, da wachsen wir. Andernfalls droht uns in der Erfahrung des Leidens der Untergang oder die Zerstörung unserer Lebenskraft. »Mystiker und Schizophrene befinden sich in demselben Ozean; doch die Mystiker schwimmen, während die Schizophrenen ertrinken«, sagt eine Weisheit. Die Annahme und die Unterscheidung des Lebens in allen seinen Facetten, Höhen und Tiefen kann uns vor dem Untergang, dem Verrücktwerden und dem Herausfallen aus dem Sinn unseres Daseins bewahren.

Die Atmosphäre des NEIN. Was kann alles geschehen, wenn wir in uns die Atmosphäre des JA erschaffen und immer wieder dorthin zurückkehren? Wenn wir das Gegenteil versuchen und in der Stille ein kräftiges NEIN sprechen, werden wir auch etwas wahrnehmen können. Das klingt etwas anders, und wir können sehr leicht erspüren, wie sich dann in uns aggressive Energie, ablehnende Enge oder verschließende Abwehr ausbreiten können. Wenn wir in das NEIN einstimmen und mit ganzer Kraft immer wieder dieses NEIN erklingen lassen, spüren wir etwas von der lebensfeindlichen, abspaltenden und zertrennenden Atmosphäre des Wortes NEIN. Im NEIN ist unser Glas halbleer. NEIN ist der Aufruf zu Widerstand und Konflikt. Wenn wir unsere Gedanken sorgfältig beobachten und ihren Reaktionen genau zuhören, vernehmen wir häufig dieses widerständige NEIN. An unendlich vielen Ereignissen, Menschen und Gegebenheiten haben wir etwas auszusetzen oder zu bemängeln und sie werden zur Zielscheibe unserer Verurteilungen und Abwertungen. Dieses gefällt uns nicht. Das ist uns nicht recht. An dem einen nörgeln wir ständig rum, und was die andere gerade macht, gehört sich ja nun wirklich nicht! Immer gibt es etwas zu meckern und zu mosern, sehr schnell finden wir an jedem und allem etwas auszusetzen.

Wenn wir in uns hineinhorchen und dieses leise, etwas dissonant erklingende »Geräusch« von Ablehnung und Widerstand wahrnehmen, weist diese Abwehr auf ein NEIN hin und beeinflusst unsere Handlungsweise. Im NEIN erschaffen wir das Gegenteil von: »Dein Wille geschehe.« Und sagen damit eigentlich: »Ich will nicht dienen. Ich nehme nichts an. Ich folge keiner anderen Wirklichkeit als meiner eigenen.« Die Erkenntnisse und Erfahrungen der Psychologie zeigen, dass unsere verdrängten und verneinten Gefühle ein Eigenleben entwickeln können und sich als mächtiger Schatten irgendwann einmal unentrinnbar mit aller Kraft zerstörerisch zurückmelden. Die nicht bewusst angenommenen Empfindungen unseres Körpers, die ungeliebten Gefühle und das Abgespaltene in unserem Denken setzen sich fest, bauen sich auf und entwickeln eine Eigendynamik, die irgendwann den Fluss des Lebens behindert. Der Schatten verstellt den Zugang zu unserem innewohnenden transzendenten Wesenskern.

Im Einflussbereich des Schattens bläst sich unser kleines Ego auf und bezieht Nahrung daraus, wenn es etwas trennen, verdrängen oder projizieren kann. Durch unser NEIN-Sagen drehen wir uns im Kreis, ohne Entwicklung und ohne Entfaltung, und unser halbvolles Glas wird noch leerer. Das unreife NEIN ist eine Missachtung des Schöpfungsgeschehens und eine Verschwendung unserer Lebenskraft. Mit diesem NEIN stärken wir unsere Selbstsucht und den Widerstand gegen das JA und verzögern somit unsere Rückkehr ins Leben.

Es braucht unser NEIN. Doch das NEIN hat natürlich auch eine helle und vitale Seite, die hier Gehör finden möchte. Um ein authentisches JA zu formulieren, braucht es noch etwas anderes. Ein gesundes JA verlangt Lebensreife und Klarheit. In diesem JA ist das bewusst vollzogene und gereifte NEIN immer präsent. Im Heranwachsen und Herausformen unserer Persönlichkeit machen wir Erfahrungen, die es erfordern, NEIN zu sagen. Unser NEIN ist die notwendige Erfahrung des Widerstandes und des Unstimmigen, welches uns erst das ganze Leben in seiner Fülle sichtbar werden lässt. Unser NEIN lässt uns autonom werden und ist eine notwendige Durchgangsreise und vielfach eine unumgänglich zu erklimmende Zwischenstufe zum großen JA. Das erwachsene NEIN geht in eine manchmal notwendige Empörung und Abwehr und bezieht eindeutig Stellung. Es bezieht Stellung zu den Ungerechtigkeiten und dem sinnlosen Leid in der Welt und setzt sich für das Ausgegrenzte, Vergessene und Leidende ein. Mit dem NEIN zu Ungerechtigkeit und Leid stimmt diese Haltung voller Leidenschaft für eine friedvollere und gerechtere Welt. Das erwachsene NEIN kann in Beziehungen unterscheiden und Missstände wahrnehmen, sie benennen und Grenzen setzen. Vorbedingung ist die Gabe der Unterscheidung. Diese Begabung kann ein wohlwollendes und konstruktives NEIN, das vom Herzen kommt, formulieren. In der Tradition des kontemplativen Gebetes nennen wir diese Früchte des Weges *diakrisis* (Gabe der Unterscheidung) oder *cardiognosis* (Herzenserkenntnis). Aus der geläuterten Reife kann das NEIN, das in der rechten Situation und zur rechten Zeit gesprochen wird, seine innewohnende JA-Kraft entfalten. Durch dieses NEIN können wir genauer erkennen, was heilsam ist oder was unheilvoll unseren Lebensweg kreuzt. Aus dem Hinderlichen und Schmerzhaften, aus der Enge und der Angst unserer Lebensumstände erwacht ein klares NEIN dem Überholten und nicht mehr Tragfähigen gegenüber. Nicht blind und in zerstörerischen Emotionen gefangen, sondern gestärkt durch die Versuchungen unseres Lebens, kann dieses NEIN in uns immer klarer und kraftvoller Gestalt annehmen und sich ausdrücken. Unser kompromissloses NEIN ist die Vorbedingung für die Geburt eines aufrichtigen JAs. Wir werden unser mutiges NEIN so lange aussprechen müssen, bis die Integration des Vergangenen in unsere neue Lebenswirklichkeit vollzogen ist. Erst aus dem ehrlichen NEIN kann unser authentisches JA erwachsen. In diesem integrativen Prozess wird es unsere Aufgabe sein, das Vergangene anzunehmen und es rückwirkend in ein versöhnendes und verbindendes JA zu deuten und zu verwandeln. Erst in der Bejahung unserer alten Lebenswunden und in dem Wohlwollen unserem Scheitern gegenüber kann ein geöffneter Raum der Freiheit und der Gelassenheit entstehen. Mit diesem bewussten und gereiften JA kann sich unsere innere und äußere Lebensreise neu mit Sinn und Schönheit füllen.

Die Macht des ICH BIN

Sowohl östliche als auch westliche Weisheitslehrerinnen und -lehrer haben das ICH BIN als wesentlichen und essenziellen Erkenntnisbaustein zum Erfassen der universalen Weisheit interpretiert. Fokus meiner Betrachtung zum ICH BIN ist der Bezug zum Christus-Bewusstsein, das der Mensch Jesus verwirklicht hat und das im Neuen Testament jedem menschlichen Wesen verheißen wird.

In seinem Selbstausdruck erfasst das ICH BIN das göttliche Sein und verweist zugleich auf das höchste Potenzial des menschlichen Seins. In den meisten spirituellen oder esoterischen Schulen/Systemen/Wegen scheint Konsens darüber zu bestehen, dass die Wahrheit des ICH BIN die höchste innere Erkenntnismöglichkeit des menschlichen Seins widerspiegelt. Wobei in den östlichen Weisheitswegen ein etwas anderer Schwerpunkt auf das ICH BIN gelegt wird. Ziel vieler östlicher Wege ist die Entlarvung des irdischen und relativen ICH (Ego), inbegriffen die Welt des Erschaffenen – der Dinge, Erscheinungen und der Materie. Diese Wirklichkeit gilt als nicht substanziell und sollte als Illusion (Maya) durchschaut und entschleiert werden. Die wahre Wirklichkeit befindet sich jenseits dieser Welt.

Demgegenüber setzt in den christlichen mystischen Zeugnissen die Bedeutung des ICHs als fleischgewordene Christus-Realität einen wesentlich anderen Akzent. Verkürzt gesagt wurde Gott Materie, und zwar real und nicht als Illusion. Zwar haben die modernen Naturwissenschaften den Begriff der Materie in den vergangenen Jahrzehnten völlig neu definiert, dennoch erhält unser Sein in Zeit und Raum aus christlicher Sicht einen anderen Platz im Leben und wird dementsprechend anders interpretiert. Die Menschwerdung Gottes ist das größte Mysterium des Christentums und die größte Herausforderung für andere Religionen. Für den Dialog mit den Religionen ist das Verständis dieser mystischen Tiefe aber Grundvoraussetzung, damit eine wirkliche Annäherung gelingen kann.

Gott ist das ICH BIN. Eines der stärksten Textbilder der Offenbarung Gottes findet sich im zweiten Kapitel des 3. Buchs Mose: Als sich Gott in dem brennenden und nicht verbrennenden Dornenbusch mit seinem Namen offenbarte, geschah etwas Entscheidendes. In jenem Augenblick erklang der Name des Ewigen: »Ich bin, das ICH BIN.«

(2. Mose 2,14) Diese Gottesnamensoffenbarung wird in manchen Übersetzungen auch mit »ICH BIN, der/das ich sein werde« oder auch nur einfach mit »ICH BIN« wiedergegeben. Im Abschnitt zum Werdesein habe ich bereits auf diesen Aspekt Bezug genommen. Die letztgültige Deutung dieser Schlüsselstelle im Alten Testament lässt sich nicht eindeutig klären. In den alten Überlieferungen erhält Mose auf die Frage: »Siehe, wenn ich zu den Israeliten komme und spreche zu ihnen: ›Der Gott eurer Väter hat mich gesandt!‹, und sie mir sagen: ›Wie ist sein Name?‹, was soll ich ihnen sagen?«, als Antwort: »JHWH.«

Die Konsonanten J H W H scheinen der Schlüssel zum Verständnis des ICH BIN zu sein. In dieser Zusammenstellung der hebräischen Buchstaben J H W H verdichtet sich der Eigenname für den einen Gott. Er unterscheidet sich damit auch eindeutig von den anderen zu damaliger Zeit angerufenen Göttern.

Die eigentliche Bedeutung der Konsonanten J H W H bleibt umstritten. In den heutigen Interpretationen finden sich vorrangig Übersetzungen, die mit dem Zeitwort »sein« übereinstimmen. Auch wenn im hebräischen Denken das göttliche Wirken nicht als ein statisches Sein aufgefasst wird, sondern eher als ein dynamisches Mit-Sein oder geschichtliches Werden, lassen sich mit den Worten ICH BIN diese ursprünglichen Wahrheiten des ewigen Mitseins wohl am genauesten und umfänglichsten ausdrücken.

In dem kraftvollen Bild des brennenden und nicht verbrennenden Dornenbusches erscheint also der Name der einen Gottheit: »Das ist mein Name auf ewig, mit dem man mich anrufen soll von Geschlecht zu Geschlecht.« (2. Mose 3,15)

Im Herzensgebet wird genau dieser Name angerufen. Dabei spricht Gott seine Wirklichkeit in einer Atmosphäre aus, die mit dem Symbolbild des nicht verbrennenden Feuers nicht eindrücklicher darzustellen wäre. Die irdische

Materie brennt – wird erfasst, erwärmt und durchdrungen und verbrennt nicht. Sie bleibt also im wahrsten Sinne des Wortes unauslöschlich mit dem Absoluten vereint. In diesem ewigen Feuer offenbart sich ein neues Bewusstsein – das ICH-BIN-Bewusstsein des ewig Seienden. In diesem Sinn ist das ICH BIN der ursprungsgegenwärtige und alles umfassende unitive Einklang Gottes. »Ich bin das A und das O, der Erste und der Letzte, der Anfang und das Ende«, sagt der ICH-BIN-bewusste Christus in der Offenbarung des Sehers Johannes (Offenbarung 22,13).

Aus dem ICH BIN heraus wird die Welt von Augenblick zu Augenblick neu erschaffen. »Bring her meine Söhne von ferne und meine Töchter vom Ende der Welt, alle, die mit meinem Namen genannt sind, die ich zu meiner Ehre geschaffen und zubereitet und gemacht habe.« (Jesaja 43,6–7) In dem Bewusstwerden dieses heiligen Namens nähert sich der Mensch dem Ursprung seines Seins. Die ursprüngliche Gegenwart ist die Wirklichkeit, die den Menschen erschaffen hat. Karlfried Graf Dürckheim schreibt in seinem Buch *»Vom doppelten Ursprung des Menschen«* über das ICH BIN: »Am Anfang und am Ende, im Ursprung und in der Entfaltung allen Lebens steht das transzendente ICH BIN. Hinter, in und über allem, was ist, ahnt der Mensch das große ICH BIN allen Lebens als die ›Stille des göttlichen Seins‹, aus dem alles Leben aufgeht, in das es wieder eingeht, Schöpfung – Erlösung – Schöpfung ohne Ende. So verstanden, meint das große ICH BIN das Allumfassende und Alldurchwaltende, dessen WORT allem, was ist, innewohnt und ihm leibhaftige Gestalt, dem Menschen aber zugleich leibhaftiges Bewusstsein verleiht und kraft dieses Bewusstseins und dieser Gestalt in menschlicher Weise offenbar werden will in der Welt.«

Gleichgültig, wie und in welcher Sprache es letztendlich ausgedrückt, interpretiert oder übersetzt wird, das ICH BIN ist die umfassende Signatur und das universale Symbol für die hintergründige, immerwährende Wirklichkeit des einen Gottes. Bei gleichzeitiger Vollkommenheit und in ewiger Entfaltung. ICH BIN schon ganz da und ICH BIN das, was sein wird. Zeitfrei betritt das ICH BIN Zeit und Raum.

Die Beziehung zu Gott beginnt in der Wahrnehmung unseres kleinen »Ich bin«. Dieses kleine »Ich bin« ist unser kulturell geformtes Egobewusstsein, unser abgegrenzt wahrgenommenes Selbst, um das wir kreisen und das uns in der Illusion der Trennung gefangen hält. In der Entwicklungspsychologie ist diese Herausbildung des kleinen Ich erste grundlegende und notwendige Reifungsstufe auf unserem Individuationsweg in die Ganzwerdung. Erst wenn es uns gelingt, unser isoliertes und beengtes und selbstsüchtiges »Ich bin« zu übersteigen, zu transzendieren, zu wandeln und damit zu verlassen, können wir uns für anderes und auf andere hin wirklich öffnen.

Im Rhythmus unseres Herzenswortes kann sich die Einsicht in das Ganze in immer feiner werdenden Schwingungen entfalten. Diese höher schwingende Frequenz verleiht unserem Bewusstsein die Kraft, damit es sich immer mehr weiten, vertiefen und differenzieren kann. Das, was wächst und sich ausdehnt, ist Liebe. Liebe zu Gott, Liebe zu uns selbst, Liebe zum Nächsten und zur Welt. In diesem Teilen der Liebe wenden wir uns der wahren Bedeutung unserer menschlichen Existenz zu und entdecken diese Liebe in allem, was ist. Diese Liebe wird als das große ICH BIN durch alle Begrenztheit unseres kleinen und rein biografisch verorteten »Ich bin« hindurch sichtbar. Gott hat sich als das ICH BIN offenbart. Im ICH BIN, also im Bewusstwerden des eigenen Seins als göttliches Sein, gewinnen wir Zugang zu der verwandelnden Kraft des gegenwärtigen Gottes und haben zugleich Anteil an der unerschaffenen Dimension seines Ursprungs. In der Verwirklichung des ICH BIN in uns werden wir durchlässig für das göttliche Mysterium der Einheit.

Auch im Vaterunser – dem Herz aller Gebete seit den Anfängen des Christentums – findet sich ein Hinweis auf die Notwendigkeit der Anrufung des Gottesnamens. Das Vaterunser gilt als das einzige, direkt von Jesus Christus überlieferte und uns zur Praxis aufgetragene Gebet. Die Vorrangstellung am Anfang des Gebetes verweist auf die Bedeutung der ersten Bitte. Sie lautet: »Dein Name werde geheiligt.« Wenn wir unser Herzensgebet treu wiederholen, verwirklichen wir diese Bitte und heiligen den Namen Gottes. Der zu offenbarende Name Gottes ist das ICH BIN. Dieser Name, der über allen Namen steht, führt uns in das Heiligtum, das Innerste des Tempels, unser mystisches Herz. Das Herz Gottes. Das Herz des Lebens.

ICH BIN im Herzen: In dem Namensgebet JA, ICH BIN DEIN steht das ICH BIN als Kernaussage im Zentrum der Anrufung. Ebenso wie das ICH BIN in der Mitte steht, beten wir das Herzensgebet in unserem Herzen, das unsere Mitte repräsentiert. Herz bezeichnet in diesem sakramentalen Verständnis nicht nur den physischen Ort, sondern in erster Linie die Gesamtheit der menschlichen Person. Das Herz ist das zentrale Organ des menschlichen Seins, das innerste und eigentliche Selbst: Es gilt als die Mitte des Bewusstseins und des Unbewusstseins, des Körpers, der Seele und des Geistes – die absolute Mitte. Wir verankern und zentrieren das Herzensgebet im Brustraum, im Herzensverstand und in den tieferen Schichten unseres Seins.

Ein geöffnetes Herz sowie ein klarer und wacher Verstand bilden die Atmosphäre, in die wir das Gebet einbetten. In diesem Klangraum des Herzens bewegen wir »ohne Unterlass« unser Herzensgebet. Die Herzensmitte ist der Ort, auf den wir uns in unserer Sehnsuchtssuche ausrichten. Das Herz ist »die Höhle des göttlichen Dunkels«, wie es der Jesuitenpater und Zenmeister Hugo Enomiya-Lasalle genannt hat. Dieser neue Mensch wird nicht irgendwann in einem fernen Paradies geboren, er stirbt jetzt und hier und richtet sich auf und entfaltet sich, ewig auferstehend im Jetzt und Hier. Der »weglose Weg« ist das immerwährende Herzensgebet, welches in uns, in unserer Mitte, unaufhörlich in der Beziehung zu Gott steht. Dieses wird in der Tradition des Herzensgebetes auch das »unablässige Gebet des Geistes im Herzen« genannt.

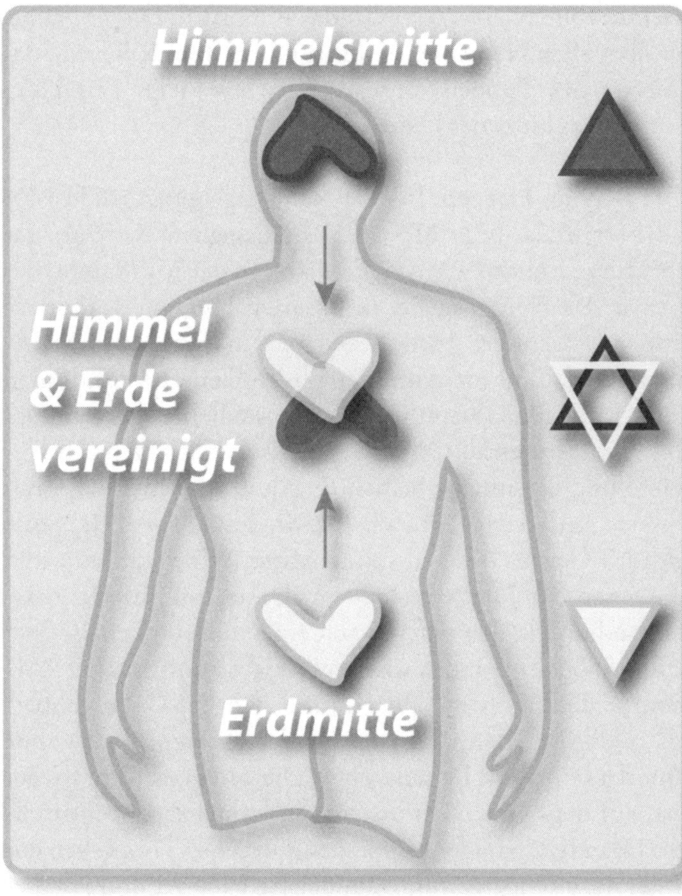

ICH BIN das Herz des Lebens

Es gibt eine wunderbare Klanganalogie zwischen dem Wort ICH und dem Wort Auge, die nur im englisch/deutschen Sprachvergleich möglich ist. In der englischen Übersetzung heißt das Wort Auge *eye*. Es ist vom Klang her nicht von dem Wort ICH (engl. *I*) zu unterscheiden. Das berühmte Zitat Meister Eckharts fügt in diesem Zusammenhang dem Wort ICH eine weitere Perspektive hinzu. »Das Auge, durch das ich Gott erkenne, ist das Auge, durch das Gott mich sieht.« (engl. »The eye by which I see God is the very eye by which God sees me.«) Und in einer klangbezogenen Übertragung kann dieser Satz so klingen: »Das ICH, durch das ich Gott erkenne, ist das ICH, durch das Gott mich erkennt.« Für die Entdeckung dieses Zusammenhanges sei dem amerikanischen Benediktinermönch David Steindl-Rast (geboren 1926) gedankt. Er schreibt: »Wenn wir unser ICH in diesem Sinne auffassen, dann schenken wir ihm seine tiefste Bedeutung und befreien uns aus dem Gefängnis unseres individualistischen kleinen Selbst.« Der spirituelle Autor und Lehrer Neale Donald Walsch (geboren 1943) sagt über das ICH BIN: »ICH BIN ist die stärkste schöpferische Aussage im Universum. Was immer du denkst, was immer du sagst, die entsprechenden Erfahrungen werden nach den Worten ICH BIN in Gang gesetzt, herbeigerufen, zu dir gebracht. Das Universum kennt keine andere Weise des Funktionierens. Es kennt keine andere Route, die es nehmen kann. Das Universum reagiert auf das ICH BIN wie der Geist in der Flasche.« (Neale Donald Walsch, *Gespräche mit Gott*)

Der Mensch Jesus Christus ist das ICH BIN. Aus vielen Stellen im Neuen Testament lässt sich ableiten, dass Jesus von Nazareth bewusst war, dass in ihm, als ganz irdisch geborenem Menschen, diese unauflösliche Wesensverbindung zu Gott, seinem ewigen Vater, präsent war. Der Mensch Jesus, in dem das Göttliche inkarniert und transparent wurde, ist Jesus der Christus. Er ist das vergöttlichte Kind, der heilige Sohn des Allerheiligsten. Jesus wurde sich seines inneren Heiligtums in seinem Menschsein gewahr. Aus diesem Bewusstsein heraus bezeugte er: »Ich und der Vater sind eins.« (Johannes 10,30) Jesus, als der Christus, ist die klarste Manifestation Gottes, die in der Menschheitsgeschichte sichtbar wurde. Christus *ist* der Heiland der Welt, der Friedefürst und der Wunderrat. »Denn uns ist ein Kind geboren, ein Sohn ist uns gegeben, und die Herrschaft ruht auf seiner Schulter; und er heißt Wunder-Rat, Gott-Held, Ewig-Vater, Friede-Fürst; auf dass seine Herrschaft groß werde und des Friedens kein Ende.« (Jesaja 9,5–6)

Christus kann uns auch heute in unserem Menschsein und in unserer Seele berühren. Er kann uns unsere eigene Gottesebenbildlichkeit und Gotteskindschaft erinnerbar machen. Die Klarheit dieser inneren Glaubenszusage berührt, verwandelt und prägt viele Menschen auf eine sehr tiefe und nachhaltige Weise bis auf den heutigen Tag. Im universalen Christusbewusstsein kann sich unser Gottes-, Menschen- und Weltbild neu formieren. Die Aufrechterhaltung der Verbindung zu Gott mit dem Wort ICH BIN ist eine Möglichkeit, den Prozess unserer Menschwerdung und unserer Selbstwerdung in Gang zu setzen. In der Zeit und jenseits von ihr.

Christus verkündigte diesen raumzeitfreien Archetypus des Seins oder des Selbst mit seiner Aussage: »Ehe Abraham wurde, BIN ICH.« (Johannes 8,58). Das von ihm ausgesagte präexistente ICH BIN geht weit über dieses nur historische Ich-bin-Jesus hinaus und hat am ewigen ICH BIN des ewigen Vaters Anteil. Die Betrachtung der Geburt, der Nachfolge, des Todes und der Auferstehung des Menschen Jesus kann uns an das Wunder heranführen, aus dem *wir* uns erinnern können: »Ich, BIN ICH.« Dieses ist für mich das tiefste Mysterium des Christentums, das in dem Gottmenschen Jesus von Nazareth aufleuchtet und ewig weiterstrahlt. Die Inkarnation des Göttlichen in Jesus ist die Leibwerdung Christi. Gleich-gültig, ob die Christuswirklichkeit bewusst oder unbewusst wahrgenommen wird. Christus verkörpert als lebendige und gegenwärtige Wirklichkeit alles ICH-BIN-Bewusstsein im Menschen.

Wenn wir uns von einigen neutestamentlichen Texten in ihrer mystischen Tiefe berühren lassen, bekommen wir vielleicht eine Ahnung von dem Menschen Jesus, der vor zweitausend Jahren lebte und der in sich erfahren hat, dass er eins mit und ungetrennt von seinem Vater ist. »An jenem Tag werdet ihr erkennen, dass ich in meinem Vater bin und ihr in mir und ich in euch.« (Johannes 14,20)

Jesus lebte auf einer Bewusstseinsstufe, die es ihm ermöglichte, aus tiefster innerer Erfahrung im hohepriesterlichen Gebet zu sagen: »Wie du, Vater, in mir bist und ich in dir, so sollen auch sie in uns sein.« (Johannes 17,21) Dieses Bewusstsein verlieh seinem Auftreten Vollmacht und Größe. Gerhard Tersteegen, ein protestantischer Mystiker, der vor dreihundert Jahren lebte, beschreibt in dem bekannten Kirchenlied »Gott ist gegenwärtig« seine Erfahrung mit der Gotteinung. Dort heißt es in der fünften und sechsten Strophe: »Luft, die alles füllet, drin wir immer schweben, aller Dinge Grund und Leben. Meer ohn' Grund und Ende, Wunder aller Wunder, ich senk' mich in dich hinunter. Ich in dir, du in mir; lass mich ganz verschwinden, dich nur sehn und finden. Du durchdringest alles; lass dein schönstes Lichte, Herr, berühren mein Gesichte. Wie die zarten Blumen willig sich entfalten und der Sonne stille halten, lass mich so still und froh deine Strahlen fassen und dich wirken lassen.«

Jesus spricht zu uns im Neuen Testament in einer Vollmacht, die erkennen lässt, dass er sich seiner menschlichen

Natur und seiner göttlichen Natur vollkommen bewusst war. Er erfuhr sich als wahrer Mensch und er erlebte sich gleichzeitig als eins mit seinem Vater. So verkündigt Christus die Weisheit der nichtdualen Wirklichkeit und zeigt etwa im hohepriesterlichen Gebet des Johannesevangeliums, wie die ganze Schöpfung von Gott durchdrungen ist, was zunächst seinem engsten Jüngerkreis offenbart wird. »… damit sie (seine Jünger) alle eins seien, wie du, Vater, in mir bist und ich in dir, so sollen auch sie (seine Jünger) in uns sein, damit die Welt glaube, dass du mich gesandt hast. Und ich habe ihnen die Herrlichkeit gegeben, die du mir gegeben hast, damit sie eins seien, wie wir eins sind, ich in ihnen und du in mir, damit sie vollkommen eins seien und die Welt erkenne, dass du mich gesandt hast und sie liebst, wie du mich geliebt hast.« (Johannes 17,21–23)

Die Anwesenheit der höchsten Präsenz, die an uns wirkt, in uns einströmt und durch uns ausstrahlt, atmet in uns als die Kraft Gottes, in der Erscheinung der Heiliggeistkraft – des Lebensatems, der uns lebendig erhält und nährt. Dieses ist die höchste und umfassendste Bewusstseinsposition, die wir als Menschen je einnehmen können. Es ist die erfahrene und gelebte *unio mystica*; die heilige Hochzeit mit dem Numinosen. Richtungsweisend und gültig durch alle Zeiten und alle Räume hindurch – als Christusbewusstsein, so wie es der Seher Johannes in der Offenbarung prophetisch bezeugt hat. »ICH BIN das A und O, der Erste und der Letzte, der Anfang und das Ende.« (Offenbarung 22,13) Ursprungsgegenwärtiges Leben – in allem Raum und in aller Zeit und frei von allem Raum und aller Zeit.

Für mich ist dieser Zusammenhang nicht nur die bedeutsamste Botschaft des Christentums, sondern auch ihre revolutionärste Weisung für unser Leben. Als ganzer, einmaliger und kostbarer Mensch können wir in der Erinnerung an unsere Gottesebenbildlichkeit zu diesem Bewusstsein erwachen. Hieraus bekennen wir mit Gewissheit: In meinem So-Sein, so, wie ich jetzt gerade bin, bin auch ich verbunden und ebenso eins mit diesem göttlichen ICH-BIN-Christusbewusstsein. In diesem Bewusstsein kann die Aussöhnung mit unserer begrenzten Wahrnehmung von Raum und Zeit vollzogen werden. Jesus lebte, wirkte und heilte aus dieser Erkenntnis. Sie war seine Quelle, aus der er das lebendige Wasser des ewigen Lebens trank. – »Wer aber von dem Wasser trinken wird, das ich ihm gebe, den wird in Ewigkeit nicht dürsten, sondern das Wasser, das ich ihm geben werde, wird eine Quelle des Wassers werden, das in das ewige Leben quillt.« (Johannes 4,14) Dieses ist die Verheißung des in uns wahrnehmbaren Reichs Gottes; für mich, für dich, hier und für uns alle, für jetzt und für immer. Wo diese Wirklichkeit erfahren wird, ist der vereinigende Klang der Liebe gegenwärtig. An allen Orten und zu allen Zeiten. Oder um es im Sinne dieses Buches zu formulieren: Das vom Klang der Liebe berührte Herz wird in Christus offenbar. Diese mystische Botschaft des Christusbewusstseins wird im Neuen Testament verkündigt.

Die ICH BIN-Worte. Alle sieben von Jesus Christus gesprochenen so genannten ICH-BIN-Worte des Johannesevangeliums können uns verschiedene Zugänge öffnen, die uns in die Erfahrung unserer ICH-BIN-heit einladen. Jedes Wort ist lebendig: das Wort vom Brot, vom Licht, von der Tür, vom Hirten, von der Auferstehung, vom Weg und vom Weinstock. Sie enthalten Anweisungen zum Leben in Gott, können Symbole und Erinnerungen sein, die uns auf unsere wahre Größe und Heiligkeit hinweisen. Sie sind wie ein Gleichnis oder eine Anleitung zu lesen, damit ich zu dem werden kann, der ICH schon längst BIN. Für dieses Buch habe ich exemplarisch vier ICH BIN-Worte ausgewählt, die ich etwas ausführlicher betrachten möchte. Es sind die Worte vom Brot, vom Licht, von der Auferstehung und vom Weg. Die Ausführungen zu dieser Auswahl mögen die Richtung anzeigen und die hier dargelegten Betrachtungen zum ICH BIN vertiefen.

ICH BIN das Brot. Die ICH-BIN-Worte des Johannesevangeliums werden mit dem ICH-BIN-Wort vom Brot eröffnet. Beendet werden sie mit dem ICH-BIN-Wort vom Weinstock. Brot und Wein sind die christlichen Symbole des Abendmahls – der heiligen Eucharistie. Sie veranschaulichen die Inkarnation des göttlichen Geheimnisses. Das Brot symbolisiert die irdische Essenz der fruchtbringenden Kraft der Materie, unserer Erde. Das Weinsymbol verweist auf die vergeistigte Öffnung zum Ewigen hin. In dieser Spanne zwischen Geist und Materie findet unsere gegenwärtige ICH-BIN-heit ihren Ausdruck.

»ICH BIN das Brot des Lebens. Wer zu mir kommt, den wird nicht hungern; und wer an mich glaubt, den wird nimmermehr dürsten.« (Johannes 6,35) Das Wort vom Brot deutet auf die von Mutter Erde hervorgebrachte Kraft des Lebens hin. Brot ist das *Mater*-ielle und das, was uns in Bewegung setzt. Brot brauchen wir zu unserem leiblichen und geistigen Überleben. Das Brot in diesem Bild kann auch verstanden sein als *alma mater,* als nährende und gütige Mutter, die uns geistige Nahrung spendet. Das Brot als Symbol und Ausdruck unseres irdischen und raumzeitlichen In-die-Welt-verbunden-Seins wird auch beim Einzug in ein neues Haus oder einen neuen Lebensabschnitt überreicht. Es soll uns an die nährende Fülle des Lebens erinnern, die unser ganzes Wohlergehen sicherstellt und uns immer zur Verfügung stehen möge. So, wie wir es im Vaterunser erbitten: »Unser täglich Brot gib uns heute.« (Matthäus 6,11) Wie gewinnen wir nun Anteil an diesem geistigen Brot? Wie können wir dieses himmlische Korn ernten und uns von ihm ernähren?

In dem Bildwort vom Brot leuchtet eine hintergründige Wirklichkeit auf. Unser sterbliches, vom irdischen Brot ernährtes kleines Ich verbindet sich mit dem unsterblichen, uns ewig ernährenden ICH BIN. »Wer dies Brot isst, der wird leben in Ewigkeit.« (Johannes 6,58) In diesem Brot kann unser uranfängliches Wissen um das verborgene, in Dunkelheit und Geborgenheit heranwachsende »Korn des Lebens« sichtbar werden. Das sterbende Korn bringt reiche Frucht hundertfach und weiß sich in dem vergänglichen Geschehen des Lebens aufgehoben. »Wenn das Weizenkorn nicht in die Erde fällt und erstirbt, bleibt es allein; wenn es aber erstirbt, bringt es viel Frucht.« (Johannes 12,24) Durch den unvergänglichen Charakter des ICH BIN wird das Korn in den Ackerboden des Lebens gesät und daraus geerntet. Es wird mit den Mahlsteinen unserer Erfahrungen gemahlen und geknetet, es wird im Feuerofen der Anforderungen des Alltags erwärmt, und wenn wir das fertig gebackene Brot in uns aufnehmen, kann es seine verwandelnde und fruchtbringende Kraft entfalten.

ICH BIN das Licht. Wer den Weg des Herzensgebetes gewählt hat, kann auch in den Dunkelheiten seines Lebens die verborgene lichtvolle Dimension seines Lebens finden. Dahinein spricht Jesus: »ICH BIN das Licht der Welt. Wer mir nachfolgt, der wird nicht wandeln in Finsternis, sondern wird das Licht des Lebens haben.« (Johannes 8,12) Unsere Sehnsucht nach dem Licht ist die Suche nach der wahren Fülle, die aus dem Verborgenen/Inneren der Nacht ins Tagesbewusstsein drängt. Und es ist nicht zufällig, dass jene, die etwas gefunden oder erkannt haben, sagen, dass ihnen ein Licht aufgegangen sei. Der Vorgang, dass etwas ans Licht kommt oder dass sich etwas ins Licht hineinhebt, ist stets ein Bewusstwerden – eine zunehmende Transparenz.

Die vor ca. tausend Jahren das Herzensgebet praktizierenden Athosmönche machten auf ihrem spirituellen Weg

Erfahrungen mit diesem inneren geistigen Licht. Sie nannten es das »unerschaffene« Licht. Das Licht, das aus dem unerschaffenen Ursprung allen Seins in ihnen schien und dessen sie ansichtig wurden. In einem fortschreitenden Klärungs- und Einsichtsprozess konnten sie immer transparenter für dieses »unerschaffene« Licht werden. Mit ihrem dienenden Beten erfuhren sie dieses Licht als Licht der Liebe, als jenes Licht, das die irdische Liebe verklären und transzendieren konnte. Auf den Darstellungen der orthodoxen Ikonen finden wir meistens einen Lichtkranz um den Kopf der abgebildeten Heiligen. Dieser strahlende Heiligenschein ist der Ausdruck für das innewohnende Licht, das diese Menschen für sich erfahren und entdeckt hatten und das nun durch sie in die Welt hinausstrahlt.

Als »unerschaffenes« Licht hat Christus die ganze Schöpfung und das unsterbliche Bewusstsein für uns erhellt. In diesem »transparent werden für die immanente Transzendenz« (Dürckheim) können wir ebenso wie die Athosmönche das »unerschaffene« göttliche Licht als unser ebenbildliches, lichterfülltes Sein erfahren. In diesem Licht verschwindet der Tod als uns gefangen haltendes Geschehen, und die Dunkelheit kann ihre Macht über uns verlieren. Wo Christus sagt: ICH BIN das Licht der Welt, beginnt die Erlösung von dem Bösen, von der Finsternis. Er erinnert uns durch seine Zusage an unser Lichtsein mit einem anderen Lichtwort: »Ihr seid das Licht der Welt.« (Matthäus 5,14) Wir sind das erleuchtete neue Sein – der lichtdurchströmte Mensch.

Perspektivenwechsel: In der Quantenphysik versucht man zu verstehen und zu beschreiben, wie Materie zusammengesetzt ist. Dort heißt es: Materie sei ein Schwingungsfeld aus reinem Licht. Jede Welle, jedes Teilchen, alle Objekte im Universum sind lichterfüllt. Alles, was ist, ist Schwingungsmanifestation des einen Lichtes. In diesem Sinne sind wir Lichtmaterie.

Ein ganzes Kapitel über unser Lichtsein findet sich im fünften Kapitel des Epheserbriefes. Wenn es dort heißt: »Lebt als Kinder des Lichts« (Epheser 5,8), dann korrespondiert dieser Satz mit einem Ausspruch einige Zeilen später: »Wach auf, der du schläfst, und steh auf von den Toten, so wird dich Christus erleuchten.« (Epheser 5,13) Christus ist der Lichtträger und Lichtbote in uns und möchte uns aus unserem schlafenden Unbewusstsein erwecken. Er möchte uns aus unserem Tiefschlaf mit Seinem Licht und Seiner Erleuchtung wach- und heimleuchten. Das Licht sehnt sich danach, Leben zu empfangen und Leben zu schenken. Dazu braucht es unser erwachtes und aufgerichtetes Menschsein. Die Früchte des »ICH BIN – das Licht« sind: »… lauter Güte und Gerechtigkeit und Wahrheit.« (Epheser 5,9) Christus ist das Licht, das im ICH BIN in mir aufleuchtet, mich erhellt, mich aufweckt und allmählich zu einem leuchtenden Träger der Wahrheit und des Friedens formt. Dieses Lichtbewusstsein brauchen wir nicht unter den Scheffel zu stellen, sondern wir können es strahlen lassen und leuchten, damit es weithin sichtbar ist. (vgl. Matthäus 5,15)

ICH BIN die Auferstehung und das Leben. Das fünfte ICH-BIN-Wort von Auferstehung und Leben ist eingebettet in eine Geschichte, in der es um den Tod und die Auferstehung des Lazarus geht. Jesus Christus spricht diese Worte zu Marta, die ihn bittet, ihren Bruder von den Toten zu erwecken.

Sterben, Tod und Auferstehung sind universale Merkmale allen Lebens. Unser Leben vollzieht sich als das große und kleine »Stirb und Werde«. Es ist das im Johannesevangelium bebilderte Gleichnis vom Weizenkorn, das in die Erde fällt und sterben muss, damit es hundertfache Frucht bringt. Dieses Vergängliche in allem, was ist, ist das Urkennzeichen unseres Seins. Sterben geschieht als vorübergehender Zustand und bringt gleichzeitig Neues hervor. Im Fließen erleben wir unser Leben, loslassend und empfangend. Ankommend und losgehend nehmen wir unser ICH-BIN-Sein wahr. »ICH BIN die Auferstehung und das Leben. Wer an mich glaubt, der wird leben, auch wenn er stirbt; und wer da lebt und glaubt an mich, der wird nimmermehr sterben.« (Johannes 11,25)

Das ICH-BIN-Wort von der Auferstehung und vom Leben erinnert an die ursprünglichen Lebensgesetze, die in allem Sterben unser Wiedergeborenwerden prägen. Christus kommt mit diesem Wort in unsere kleine Welt und öffnet sie für die immerwährende Auferstehung des Lebens, hinein in den großen Kreislauf des ewigen Neuerschaffens, Gebärens und Sterbens. Dieses Wort möchte uns an unsere ewige Vergänglichkeit und an unsere ewige Neugeburt erinnern.

Ich bin in meinem Lichtmaterie-Sein die lebende Manifestation der ewigen Entfaltung. Ich bin in diesem Erleben des ewigen Auferstehens eines jeden Augenblicks die Auferstehung. Ich bin in dieser Wahrnehmung meines Lebens das Leben selbst – erfülltes Leben. Das ist meine Bestimmung, mit der ich mich in Zeit und Raum, lebendig und auferstehend durch alles Erleben hindurch bewege. Mein sich im ICH BIN entfaltendes Leben kann mich in die Lage versetzen, jedes Ereignis und jeden Augenblick als die Durchdringung meiner irdischen Wirklichkeit mit der himmlischen Wirklichkeit zu erleben. Darin werde ich nicht sterben, in meinem ewigen Sterben. »Wer an mich glaubt, der wird leben, auch wenn er stirbt.« (Johannes 11,25) Ich werde auferstehen in meinem Sterben und mich über diese Erkenntnis von den Fesseln des Todes befreien. Nicht, dass der Tod nicht mehr geschieht. Er verliert nur seine Größe und Macht und kann als gleichberechtigtes Lebensmerkmal in meine ICH-BIN-heit integriert werden. Das Mysterium des Todes kann mir einen neuen Lebensraum erschließen und befähigt mich, anzunehmen und im Loslassen neu zu werden.

ICH BIN der Weg: »ICH BIN der Weg, die Wahrheit und das Leben. Niemand kommt zum Vater denn durch mich.« (Johannes 14,6) Der letzte Teil dieses Satzes löst immer wieder Unmut aus. Christus soll die einzige Möglichkeit zur Einheit sein? Er soll die alleinige heilsbringende Wirklichkeit sein? Und was ist mit all den anderen Weisheitswegen und den Menschen, die nicht an ihn glauben? Sind sie aus dem Heilswirken Gottes ausgeschlossen? Ist diese Behauptung nicht verantwortlich für eine überhebliche Kirche, die es immer besser weiß und glaubt, die allein gültige Wahrheit für sich gepachtet zu haben?

In diesen Positionskämpfen kann es vielleicht einfacher sein, wenn wir die Perspektive öffnen und hinter die Wirklichkeit des Wortes ICH BIN schauen. ICH BIN ist der Name Gottes. ICH BIN ist die innewohnende Natur der gesamten Schöpfung und kein Dogma oder eine fixierte Glaubenslehre. Das ICH BIN und sein Anspruch, der einzige Weg zu Gott zu sein, ist weder institutionalisierbar noch andere Sichtweisen ausschließende einzige Wahrheit nur des Christentums. Das ICH BIN kann der Zugang zu einem interkonfessionellen Dialog sein und eine interreligiöse Weite ermöglichen, die zu den eigenen Wurzeln stehen kann. Wenn wir das ICH BIN aus der Perspektive der Bewusstseinsstufen nach dem integralen Modell von Ken Wilber betrachten, scheint das ICH-BIN-Bewusstsein fortgeschrittenes Bewusstsein zu verkörpern. In seiner kulturellen Universalität und raumübergreifenden Zeitfreiheit ist es weder egozentrisch, ethnozentrisch noch weltzentrisch. Die Bewusstheit des ICH BIN hat seinen Schwerpunkt im kosmozentrischen Bewusstsein und hat das Potenzial, allumfassende integrale Wahrheit zu sein. Das ICH BIN ist kein totes Dogma, welches einengt oder vorschreibt. Das ICH BIN kann der mystische Konsens sein, der zum fruchtbaren Dialog befreit. Das Lebendige im ICH BIN hat auch nicht den Anspruch, zu trennen oder zu entzweien. Es kann eher verbinden als entzweien. In der Tiefe gegründet, kann das ICH BIN als dynamische Urwirklichkeit in jedem Menschen erspürt werden. Der Mensch Jesus hat versucht, uns diese Wahrheit bewusst zu machen. In der Seinsverbundenheit mit Gott kann das ICH BIN eine neue Bedeutung bekommen. Es gibt nur eine Einheit und es gibt nur ein ICH BIN. Egal, in welcher Tradition oder Sprachform dieses ICH BIN auch ausgesprochen wird. In allen Sprachen dieser Welt findet sich das Personalpronomen des Ich. Jedem menschlichen Bewusstsein ist diese Wahrheit zugänglich.

Christus bebildert in den ICH-BIN-Worten, und ganz besonders mit diesem Wort vom Weg, der Wahrheit und dem Leben, die ewige Erkenntnis und kosmische Gültigkeit der ICH-BIN-Wahrheit. »In meines Vaters Haus sind viele Wohnungen. Wenn's nicht so wäre, hätte ich dann zu euch gesagt: Ich gehe hin, euch die Stätte zu bereiten? Und wenn ich hingehe, euch die Stätte zu bereiten, will ich wiederkommen und euch zu mir nehmen, damit ihr seid, wo ICH BIN.« (Johannes 14,2)

Unser Weg mit Christus ist unser Weg in unserem Werdesein. Jeder Schritt, jede Erfahrung auf diesem Weg ist der Geschmack des Lebens, das eins ist. Leben ist Prozess und die ewig sich verwandelnde Entfaltung der Einheit, die sich in jedem Augenblick neu erschafft und niemals gleich erfährt: »Siehe, ich mache alles neu«, sagt Christus in der Offenbarung des Johannes (Offenbarung 21,5). In dieser Dimension ist Christus der Weg und die lebendige Wahrheit und das Wunder des Lebens, das alles umfasst.

Die Weite des DEIN

Das DEIN ist Geben. Was für eine Wahrheit kann uns das vierte Wort im Herzensgebet JA, ICH BIN DEIN offenbaren? Welches Kraftpotenzial birgt es? In welcher Weise ist das DEIN ein Bild für ein Da-Sein, das aus und mit dem Gegenüber lebt und zugleich in der Einheit gründet?

Das Wort DEIN symbolisiert das Geben, und jedes Geben-Können setzt Beziehung voraus. Es erwächst aus dem Dialog unseres Herzens mit einem Du: »Was ihr getan habt einem von diesen meinen geringsten Brüdern, das habt ihr mir getan.« (Matthäus 25,40) Die Wahrheit des DEIN symbolisiert die Notwendigkeit und Gegebenheit, das in der Schöpfung präsente Du als Ich wahrzunehmen und dieses Gegenüber in unser Bewusstsein mit einzubeziehen. So kann das mit Hingabe gelebte DEIN der »schöpferische Augenblick« in unserem Leben sein. Es ist das in Beziehung tretende dialogische Prinzip des göttlichen Wirkens. Unser Werden am Du ist das Werden Gottes, das im Ich des Du für uns transparent wird. ICH BIN DEIN DU. Nur wenn wir uns als dienendes und vernetztes Wesen wahrnehmen, können wir unserer ganzen mitgestaltenden Teilhabe an der Schöpfung gewahr werden und leben.

Die Potenziale unseres ursprünglichen Seins verwirklichen sich in unserer Fähigkeit, in Beziehung zu etwas zu sein. Ein Gegenüber wertzuschätzen und zu respektieren bedeutet, im Zustand des freiwilligen Gebens zu sein. Im wohlwollenden Geben ist das Empfangen-Können die Wandlungskraft, die wieder in das Geben mündet. Wie können wir eine Empfängnisfähigkeit entwickeln, der es gelingt, sich zurückzunehmen, hineinzuhorchen, zu lauschen und aufzunehmen? – Geschieht es, wenn wir ganz Ohr werden? Hörende? Aufnehmende? Empfangende? Wie ein offenes leeres Gefäß, das bereit ist, gefüllt zu werden?

Unsere Fähigkeit zu empfangen drückt sich in der Bereitschaft und dem offenherzigen Vertrauen aus, die Wahrhaftigkeit und Kostbarkeit des Gegenübers wahrzunehmen. Dieses Gegenüber – das Du – kann gegenständlich oder nichtgegenständlich, personal oder apersonal, Wesen, Objekt, Tier, Mensch, Pflanze, Stein oder was auch immer sein. Wo die Ausrichtung auf die Heiligkeit des Gegenübers bewusst geschieht, kann die Einheitserfahrung durch das Tor der Erkenntnis in unser Bewusstsein einströmen.

Der amerikanische Benediktinermönch David Steindl-Rast (geb. 1926) beschreibt drei wesentliche Formen des Gebens. Das Aufgeben, das Danksagen (engl. *thanksgiving*) und das Vergeben. »Das Herz weiß, dass alles allen gehört. Wenn wir also aus unserem Herzen leben, dann sind wir frei, ab- und aufzugeben, ohne voller Angst irgendetwas festhalten zu müssen. Das Herz ist im Zusammengehören zu Hause. Wenn wir also aus unserem Herzen leben, dann feiern wir den Bund des gegenseitigen Geben-und-Nehmens dadurch, dass alles, was wir tun, Ausdruck der Dankbarkeit wird. Das Herz bestätigt uneingeschränkt, dass alle zu allen gehören. Wenn wir also aus unserem Herzen leben, dann vergeben wir auch von Herzen, aus jener Mitte, in der Beleidiger und Beleidigter eins sind, wo Heilung ihre Wurzeln hat. Vergebung ist die Vollendung von geben.« Vergebend befreien wir das Du, stellen es in einen weiten Raum und erkennen es als Teil des Ganzen an.

Wenn wir das Wort DEIN in unserem Herzensgebet sprechen, können wir unser verhärtetes und erstarrtes Ich ein klein wenig aufweichen. Im einfachen und treuen Gebet weiten wir unsere Ich-Bezogenheit zu einer Du-Bezogenheit. Im Geben an ein Du können wir den Geschmack einer neuen Freiheit in unserem Ich empfangen. Wir können uns für eine Haltung öffnen, in der das andere als das Eigene, als dazugehörend erkannt und angenommen wird. Gott ist eben *auch* das im Gegenüber anwesend Seiende. Vielleicht spielt Christus auch darauf an, wenn er sagt: »Was ihr getan habt einem von diesen meinen geringsten Brüdern, das habt ihr mir getan.« (Matthäus 25,40) Das Ausgeschlossene wird als das zu Integrierende wahrgenommen. Im Sprechen des DEIN kann das Geben in seiner hingebungsvollsten Gestalt zum Ausdruck kommen.

Im absichtslosen und freiwilligen Hingeben unserer Kraft und Liebe können wir die ungeliebten, verdrängten, betäubten oder abgespaltenen Schattenreiche unseres eigenen Bewusstseins zurück in den Schoß der heiligen Einheit betten. Der Weg des Gebens ist der Weg, auf dem das Licht in unser Bewusstsein strömt.

Geben bedeutet nicht, dass wir etwas entbehren müssen. Wir geben nur von unserer bereits in uns anwesenden Fülle, unserem Überfluss, dem Fließen in uns und teilen es zum Nutzen des Ganzen aus. Erkennen können wir unser authentisches Geben daran, dass sich im freiwilligen Weggeben unsere Vorratskammern füllen. Im freiwilligen und freudigen Geben werden wir doppelt beschenkt. Wer etwas aus frohem Herzen verschenkt hat, wird wissen, wie glücklich das machen kann. Das ist die erste Freude. Die zweite Freude entsteht, wenn wir mit der Dankbarkeit des Beschenkten beschenkt werden. Also, einmal etwas verschenkt und zweimal etwas zurückbekommen.

Das in der Bibel beschriebene und verheißene Reich Gottes ist ein Ort, an dem wir erfüllt leben können, zum Bersten voll mit allem, was wir für unser Leben brauchen. In der jüdischen Tradition wird Gott in einem Aspekt seines Namens mit dieser Fülle des Lebens gleichgesetzt. Gottes Name ist »Fülle«. Aus ihr heraus schöpfen wir und werden wir. Vom Gott der Fülle, dem »gefüllten Speicher« erhalten wir alles – umsonst. »Denn in ihm (dem Bewusstsein des Christus) wohnt die ganze Fülle der Gottheit leibhaftig.« (Kolosser 2,9) Diese Quelle fließt und gibt ohne Unterlass. Wir brauchen nichts festzuhalten. Alles fließt in der Freiheit, niemandem und jedem zu gehören. »Alles, was mein ist, ist DEIN. Alles, was DEIN ist, ist mein.« (Johannes 17,10) Ohne Besitzanspruch und mit dem rechten Maß. Wenn wir etwas benötigen und benutzt haben, geben wir es weiter – ohne Besitzanspruch. Wenn wir etwas besitzen und dieses verlieren, lassen wir es los. Es »gehört« uns sowieso nicht, jedenfalls nicht wirklich. Wenn wir in einer bestimmten Rolle leben und diese sich verändert, lassen wir das Alte los und nehmen das Neue an und leben in ihm weiter.

In unserem alltäglichen, gegenwärtigen Leben, unserer horizontalen Ausdehnung in die Zeit hinein, scheint es klug und angebracht zu sein, dass wir »Dein« und »Mein« unterscheiden und achten. Im alltäglichen Umgang und verantwortlichen Miteinander ist diese notwendige Unterscheidung hilfreich und wichtig. Doch es ist gut, sich immer wieder bewusst zu machen, dass die wichtigsten Dinge des Lebens vergänglicher Natur sind. Je mehr wir versuchen, etwas zu besitzen und festzuhalten, desto schmerzlicher werden wir uns mit der Möglichkeit, dass wir es irgendwann einmal verlieren werden, auseinandersetzen müssen. In der vertikalen Ausrichtung unseres Lebens spielt Besitz, jedenfalls in der Weise, wie sie uns vertraut ist, eine andere und eher nachrangige Rolle. Die hier beschriebene Perspektive auf Besitz möchte uns für eine neue Wahrnehmung der rein materiell und vergänglich erscheinenden Objekte öffnen. Es bleibt bei aller Unterscheidung des fremden oder eigenen Eigentums wichtig, die Gesamtschau im Blick zu behalten. Wir sind gerufen, das göttliche Geheimnis an die erste Stelle zu setzen, und wir sind geschaffen, um aus dem Bewusstsein der Einheit bereit zu sein, das Neue eines jeden Augenblicks zu empfangen und zu erschaffen. Wir sind Geschöpfe des Himmels, die das Neue bezeugen und wieder loslassen können.

Wir sind aufgefordert, keine Bedingungen an unser Geben zu knüpfen und freizügig zu geben, ohne zu bedenken, was der Preis ist, den wir zu zahlen haben. »Wenn du aber Almosen gibst, so lass deine linke Hand nicht wissen, was die rechte tut.« (Matthäus 6,3) Um auf diese Weise handeln zu können, müssen wir uns in den Mantel des Vertrauens einhüllen und Unberechenbarkeit aushalten lernen. Wir können uns bemühen, frei von Erwartungen zu sein, damit unsere freie Gabe Schalom und Segen bringen kann.

Wenn unser Geben ein Gebet ist, verrichten wir es, ohne etwas dafür bekommen zu wollen. Nur ein hingebungsvolles und freiwilliges Gebet wird uns in die Kunst des wahren Gebens einführen. Vor jeder Gebetszeit können wir einen Moment innehalten und diese Zeit Gott weihen. Wir können uns bewusst machen, in welcher Ausrichtung unser Gebet gesprochen wird. Am Beginn unserer Zeit der Stille und des Gebetes können wir sprechen: »Diese Gebetszeit weihe und schenke ich dir, Gott. Du bist Liebe, Licht und Einheit. Amen.« Das kann hilfreich sein und unserem heiligen Wort eine angemessene Atmosphäre geben.

Das DEIN ist Liebe. Die Liebe liebt alles. Die größte Herausforderung der Liebe ist die Feindesliebe. An ihr geben sich unsere Reife und die Fähigkeit zu erkennen, mit der wir das Fremde und scheinbar Bedrohliche zu lieben fähig sind. An dieser Art der Liebe können wir unsere innere Entwicklung überprüfen. Die Begegnung mit unserem »Feind« möchte uns zu immer neuem Wachstum und Entfaltung verlocken. Das ist der schöpferische Raum, in dem unsere Hingabefähigkeit im Sprechen des DEIN wächst.

Liebe ist die Qualität, die aus einem gelebten DEIN erwächst. In der Liebe können wir uns umsorgt und geborgen erfahren. In der Liebe kann unsere Dankbarkeit Gestalt gewinnen und möchte sich gebend mitteilen. Erst in einer mit Liebe angereicherten Atmosphäre kann sich eine lebensfördernde Umgebung bilden, in der sich Beziehungen heilsam entwickeln können.

Dort, wo Liebe fehlt, wird das oder der andere zum Fremden oder zum Feind. An ihm, dem Fremden, können wir unseren Widerstand wahrnehmen. Dieser Widerstand ist der Raum, den wir füllen können. Wenn wir auf Widerstand stoßen, begegnen wir meistens dem Hinweis auf einen inneren Bereich, der wahrgenommen und integriert werden möchte. Es ist der stürmische und oftmals recht mühevolle Prozess der Auseinandersetzung mit unseren Schatten und ihrer Integration – unseren Lebenslügen, dem Abgespaltenen und Verdrängten. Dort treffen wir auf die Grenzen unserer Fähigkeit zur Liebe. Im Ungeliebten begegnen wir dem Ausgesonderten und Abgewiesenen. Dorthinein zu lieben ist der Liebe größte Sehnsucht.

Die Anerkennung des Zusammengehörenden ist der bejahende Raum, in dem Leben geschieht. So, wie es der Zenmönch Thich Nhat Hanh mit dem Begriff des »Inter-Seins« beschrieben hat. Die Wolke ist im Blatt Papier, weil das Papier nicht ohne das Holz wäre, und das Holz wäre nicht ohne den Baum, und der Baum wäre nicht ohne den Regen, und der Regen wäre nicht ohne die Wolke, und die Wolken würden nicht ohne die Sonne entstehen ... Alles bedingt und durchdringt sich. Das Ungeliebte ist nicht ohne das Geliebte zu denken. Der Feind setzt den Freund voraus. Die Liebe verbindet beide. Sie hebt nicht die Gegensätze auf. Im DEIN werden die Dinge so akzeptiert, wie sie sind. Ohne Warum.

Wenn wir uns im stillen Gebet des Herzens unserer Wirklichkeit aussetzen und in der Tiefe die zusammengehörenden Verbindungen überprüfen, können wir feststellen, dass es gar nichts gibt, was nicht auf die eine oder andere Weise zusammengehört. Alles ist DEIN – alles ist mein. Alles ist dein – alles ist MEIN. Alles ist EINS im DEIN.

Mit dieser Erfahrung kann unsere Hingabe eine ungekannte, von innen herausströmende Tiefe und Freiheit bekommen. Das Leben im Geiste des DEIN kann uns befähigen, schrittweise in die alles verbindende Feindesliebe hineinzuwachsen.

Als Feindesliebende können wir die Konflikte und Herausforderungen, die sich aus dem Zusammenleben ergeben, als Möglichkeiten zu Wachstum und Reife wahrnehmen. In einer intimen Beziehung lebend, erreicht uns die Botschaft der Liebe am deutlichsten und oftmals auch am schmerzhaftesten. Eine aufrichtige und enge Beziehung zu einem anderen Menschen kann uns, wie ein Eisen im Feuer, prüfen und läutern. Das Wertvollste und Kostbarste in unserem Miteinander soll dabei herausgeschmolzen und sichtbar werden. Das ist ein längerer, uns ganz herausfordernder Prozess, der auch mit Zweifel, Widerstand und Kampf verbunden ist. Fern jeder romantischen Symbiose können wir darin unsere Fähigkeit trainieren, dem Gegenüber wirklich aus der Tiefe unseres Herzens geben zu können. Ihn anzunehmen, wie er oder sie jetzt ist, und zuzulassen, was auch immer geschieht: »Ich liebe dich, so wie du jetzt bist, weil ich weiß, dass du geliebt bist, so wie du jetzt bist.«

Im Gegenüber können wir uns von den Tiefenschichten der Wahrheit berühren lassen und einen Geschmack davon bekommen, wie radikal die Liebe geliebt werden will. Berührte vom Klang der Liebe sind Berührte, die auch um die Verletzlichkeit und den Schmerz dieser Liebe wissen. Der Apostel Paulus beschreibt diese zulassende Liebe im »Hohenlied der Liebe«: »Sie erträgt alles, sie glaubt alles, sie hofft alles, sie duldet alles.« (1. Korinther 13,7)

Das DEIN und der Atem. Auch indem wir atmen, öffnen wir uns einem Du. Der Mensch empfängt den ihn umgebenden Atem und lässt ihn in sich hinein. Diese Offenheit und Bereitschaft, sich dem »anderen« anzuvertrauen und ihn in sich hineinzulassen, ist die alltägliche Grundübung, mit der wir uns auf die DEIN-Qualität des Atems einlassen. Der Atem ist Geschenk, Gabe, Lebenskraft und erfüllt uns mit Lebendigkeit. Dabei ist das ausschließliche Empfangen leblos und würde tödlich enden. Zum anvertrauenden Einatmen gehört das dienende Ausatmen. Es ist sogar der erste Schritt. Durch das rechte Ausatmen leert sich Raum und ermöglicht das natürliche Einströmen der neuen Atemfülle. Unser dienendes Leerwerden kann die Tür für den Einzug dieser Fülle öffnen. Loslassen und Raum schaffen, empfangen und erfüllt werden sind verschiedene Phasen eines Prozesses. Auch wenn unsere Atmung nur aus Geben bestünde, würde unser Leben in kürzester Zeit mit dem Tod beendet sein. Erst der Zusammenklang von Hingabe und Empfangen charakterisiert den schöpferischen Aspekt des Lebens und seine zweifache Dynamik im DEIN.

Das DEIN ist weiblich und marianisch. Das DEIN ist eine in Beziehung stehende empfangende Kraft und kann den so genannten weiblichen Kräften in jedem Menschen zugeordnet werden. Sie beruhen auf der Fähigkeit zu Beziehung, zu Fürsorge, zu Mitgefühl und zu Verantwortung. Diese Fähigkeiten klingen in jedem DEIN mit an. Im Klang des DEIN zeigen wir unsere Bereitschaft zur Hingabe, im gleichzeitigen Empfangen der Hingabe Gottes an uns. Das Offene und Gebende ist die charakteristische Eigenschaft des DEIN. Das DEIN wird lebendig, wenn es Wachstum gebiert und dafür Sorge trägt, dass es nachhaltig geschieht. Im DEIN ertönt der Klang des heiligen Weiblichen und erinnert uns an die Notwendigkeit, diesen Kräften in uns Raum zu geben. Verbindend kann es unser empfangendes Bewusstsein öffnen und weiten und ist als feminine Kraft schöpfungserhaltend, verantwortlich und nährend. Unsere weiblichen Aspekte repräsentieren auch unsere mütterlichen Kräfte, die zur Geburt des neuen Menschen in uns gelebt werden wollen.

In der römisch-katholischen und in der orthodoxen Tradition des Christentums repräsentiert die Mutter Gottes diesen wichtigen Aspekt und steht an bedeutsamer Stelle in der Entwicklung einer Frömmigkeit, die die Einheit des Menschen mit Gott wahrnimmt. Jesus Christus wurde in Maria Mensch und wurde durch sie geboren. In ihrem Innersten ist das göttliche Kind herangewachsen. In ihrem Leib hat der »Wunderrat«, der »Heiland der Welt« und »Friedefürst« Wärme, Geborgenheit, Nahrung vorgefunden. Durch Maria ist seine Manifestation in Zeit und Raum möglich geworden. Maria gilt diesem geschichtlichen und zugleich sich ewig neu vollziehenden mystischen Inkarnationsgeschehen als jungfräuliche Gebärerin der allumfassenden Liebe. Sie ist das heilige Weibliche und die reine Trägerin des Wortes, das Fleisch wurde. (Vgl. Johannesprolog 1,1–14) Sie ist die Erstgebärerin des universalen Christus und die kosmische Königin der Liebe. Die Ikone Maria gilt als das Urbild der Schönheit und verwirklicht dieses Bild mit ihrer ganzen Empfängnis- und Hingabefähigkeit. In der orthodoxen Tradition ist sie die Lehrmeisterin des Herzensgebetes und der heiligste Raum, in dem sich die Vergöttlichung des Menschen – die *theosis* – vollziehen kann. Mit ihrer weiblichen Kraft ist sie zugleich jungfräulich und der fürsorglich/mütterliche »Umraum« des Heiligen. Sie ist der wärmende und nährende Wachstumsgrund für die Geburt des neuen Seins, das in jedem Menschen Gestalt annehmen möchte. Mit ihrer Fähigkeit zu dienender Hingabe kann sie sich dem Göttlichen ganz anvertrauen, in der Gewissheit, dass in ihrem reinen und empfangsbereiten »Innenraum« der Heiland der Welt geboren wird. So kann sie aus der Tiefe ihres Herzens im DEIN antworten: »Mir geschehe, wie du verheißen.« (Lukas 1,38) In dieser Perspektive können wir selbst marianisch sein und werden – Gebärende der Liebe.

Marias Größe steht sowohl für die Möglichkeit, das Bewusstsein im Herzen des individuellen Menschen zu verwandeln, als auch für die irdische Vision einer kollektiven Wandlung der ganzen Menschheit. Ihre weiblichen Qualitäten befähigen zu nachhaltiger Bewahrung, zu wärmender Geborgenheit, zu kreativer Intuition und hingebungsvoller und dienender Liebe. In ihr können sich die verloren gegangenen und die wieder zurückzugewinnenden Kräfte einer Welt spiegeln, die noch in weiten Teilen vom patriarchal dominierenden Machtstreben regiert wird.

Ich glaube, dass bei der notwendigen inneren Transformation des Menschen und der ihn umgebenden Kultur, den weiblichen Qualitäten, eine neue und herausragende Stellung eingeräumt werden muss. Das DEIN kann mit seiner Kraft in der Welt Wärme, Liebesfähigkeit und Liebe erzeugen und diesen Aspekt im mantrischen Gebet stärken. Das DEIN stellt seine Werke in eine ganzheitliche feminine Atmosphäre des Nährenden, Positiven und Gewaltfreien, dessen Verkörperung sich in Maria widerspiegelt. Die Geburt und Kristallisation dieser Christussubstanz geschieht in einem erwärmten, organischen, beweglichen und lebendigen Raum, der Männliches und Weibliches, Ratio und Intuition, Kälte und Wärme, Westliches und Östliches, Kristallines und Amorphes, Materie und Geist in einer ausgewogenen Position der Mitte vereinigt. In einer Haltung, in der das Geben eine wichtige Rolle spielt – also das DEIN der Repräsentant gebender Liebe ist –, geschieht die treue Einübung in eine Herzenskultur, deren Voraussetzung eine tiefgreifende Herzensbildung ist. In gewisser Weise kann das DEIN mit seiner weiblichen Atmosphäre ein Protagonist dieses neuen Herzens-Bewusstseins sein.

Das DEIN ist Dienen. Der Begriff des Dienens weckt in der Regel gesunden Widerspruchsgeist. Er klingt nach Unterwerfung, nach gebrochenem Willen, schlicht unfrei. Auf dem Weg des Herzensgebets aber verändert sich die Sichtweise. Das Dienen führt zu dem Grund unserer Existenz und stellt die Frage nach der wahren Berufung unseres Mensch-Seins. Was ist unsere eigentliche Aufgabe? Wie gelingt es uns, sinnvoll zu leben? Was ist die tiefste Wahrheit unseres Lebens? Was geht uns unbedingt an? Wo brennt das Feuer unserer Sehnsucht am hellsten und heißesten? Hierauf haben wir mit unserem Leben eine Antwort zu geben.

Im ersten Kapitel der Bibel finden wir einen Hinweis auf diesen tieferen Sinn unseres Daseins: Als gottebenbildliche Menschen sind wir zum Dienst an der Bewahrung und Entfaltung der Schöpfung berufen (vgl. 1. Mose 1,28 ff.). Dieser Ruf möchte die Basis unseres Lebens, unseres Dienens sein, ihm können wir uns verpflichten. Freiwillig. Das bedeutet nicht, dass wir uns alle für Umweltschutz einsetzen müssen – obwohl ökologisch verantwortliches Leben eine Spielart des Dienstes an der Schöpfung ist. Doch Bewahrung der Schöpfung meint noch mehr: Alles Tun und Lassen, das aus unserer Offenheit und der Wahrnehmung des alltäglichen Wunders der allumfassenden Schöpfung wächst, gehört dazu. Es ist das Wundersame, das *an* uns geschieht und uns berühren kann, das *in* uns geschieht und uns beleben möchte und das *durch* uns als Dienende in der Welt sichtbar werden möchte. »Ja, ich bin der dir Dienende. JA, ICH BIN DEIN.«

»Dienen ist das schnellste Gefährt zu Erleuchtung«, sagt der amerikanische spirituelle Lehrer Ram Dass. Unser Dienen steht allerdings immer in der Gefahr, von den Egokräften vereinnahmt und verwirrt zu werden. Es braucht die regelmäßige Einordnung, Überprüfung und Erkenntnis der Motivation und Ursache unseres Dienens, damit das Leben kein sich selbst erleuchtendes und damit lichtverschluckendes egozentrisches Kreisen um uns selbst bleibt.

Doch je wacher und bewusster wir unser Leben als ein von der Einheit ungetrenntes Leben erfahren, desto fähiger werden wir, aus diesem Einheitsbewusstsein heraus dem Du, also dem anderen zu dienen.

Wir lernen im anderen den göttlichen Kern als unseren eigenen göttlichen Kern wahrzunehmen. So bilden sich Wohlwollen, Bescheidenheit, Aufmerksamkeit und Respekt heraus. Und vielleicht machen wir die Erfahrung, dass die an uns herangetragenen Aufgaben immer einfacher und stimmiger erfüllt werden können.

Es ist ein Kennzeichen für die richtige Wegrichtung, wenn die Leichtigkeit des Weges spürbar wird. An die Stelle erschöpfender Anstrengung tritt das Fließende und Leichte, das Einfache und Anvertrauende in unserem Handeln. Immer klarer und intuitiver können wir die nächsten Schritte erkennen und in Aktion treten. Unser authentischer Dienst kann ein Dienst an uns selber, an unserem Nachbarn, an unserer Stadt, an unserem Land oder an unserem Planeten sein. Eine Person oder eine Aufgabe, zu der wir uns gerufen fühlen.

Das rechte Dienen erfordert eine stetige Überprüfung der inneren Haltung, aus der heraus wir dienen. Dazu brauchen wir die Gabe der Unterscheidung (*diakrisis*) und das Handeln aus der Herzenserkenntnis (*cardiognosis*). Das ist ein fortlaufender Prozess, der ein Leben lang anhält. Die Entwicklung unseres Bewusstseins steht in enger Wechselwirkung mit unserer Fähigkeit zum Dienen. In dem Maß, in dem wir uns auf dem Weg des Herzens für den Gesamtzusammenhang sensibilisieren, erhalten wir umfassende Einblicke in die Natur aller Dinge. Die Entwicklung unserer kognitiven Gaben und unserer mentalen Fähigkeiten kann in uns die Bereitschaft wecken, aus freiem Willen und aus Erkenntnis dem Ganzen zu dienen.

Seit einigen Jahren übe ich die »dienende Feindesliebe im Nahverkehr« ein. Wenn ich in einen Bus oder in eine U-Bahn einsteige, kann ich Menschen in ihrer unterschiedlichen Gestimmtheit wahrnehmen. Reagiere ich dann mit Widerstand, sei es aufgrund des Aussehens, des Geruchs, des Verhaltens ..., dann nehme ich diese Situation manchmal zum Anlass, sammle mich in meinem Herzensgebet und spüre zu dieser Person hin. Es kann auch ein Paar sein, das sich streitet, eine lautlose negative Spannung oder eine überforderte Mutter, die ihr schreiendes und lebendiges Kind zu beruhigen versucht. Ich bete für sie, ich wünsche ihr oder ihnen alles Gute. Ich sende ihnen Segen, Liebe, Klärung und Heilung. Ich strahle friedvolle Kraft und Schönheit zu diesen Menschen oder in diese Situation. Ich denke an eine wärmende und harmonische Atmosphäre, die sich ausbreitet und in die sich diese Personen entspannen können. Ich richte mich einfach so wohlwollend, wie es mir möglich ist, auf diese Begegnung aus. Je stärker ich meinen Widerstand spüre, desto stärker fühle ich mich angesprochen, von dieser Lektion zu lernen und diese Situation zu nutzen. Hilft das? – Ich weiß es nicht. Manchmal meine ich wahrzunehmen, dass sich dann die Situation ein klein wenig beruhigt und wandelt. Was diese Übung auf jeden Fall bewirkt, ist die Veränderung meiner eigenen Haltung diesem Geschehen gegenüber, und das reicht vielleicht ja auch schon aus. Danach spüre ich oftmals Dankbarkeit in mir für diese geschenkte Erfahrung, und ich merke, dass es mir damit gut geht. Ich habe diese »Nahverkehrsübung« einmal meiner erwachsenen Tochter erzählt, sie reagierte sehr empfindlich und sagte, das dürfe ich nicht tun, da ich damit andere Menschen manipulieren würde. Wir haben dann länger darüber gesprochen. Solange wir in Verbindung mit unserem Herzen und der Liebe sind, glaube ich, dass wir das tun dürfen oder sogar tun sollten, wenn wir so etwas wahrnehmen und uns angesprochen fühlen. Es könnte ein alltägliches Anliegen sein, auf diese Weise friedvolle Kräfte durch uns in die Welt zu bewegen, gerade dann, wenn wir mit Unmut oder Widerstand auf eine Begegnung reagieren.

Genauso wie es unsere Pflicht und Aufgabe ist, anderen zu dienen, dürfen wir nicht vergessen, uns selbst Dienende zu sein. Mit unserem ganzen Wissen und mit unserer ganzen Willenskraft sollen wir auch uns selber gegenüber achtsam und wohlwollend, respektvoll und hilfreich sein. Wir dienen dem Klang der Liebe, wenn wir bei uns selbst beginnen, so gut, wie wir es eben jetzt können.

Wir dienen uns, wenn wir mit Gehorsam, Ehrlichkeit und Geduld unsere Schatten- und Leidgeschichten wahrnehmen und wenn wir uns bemühen, sie wohlwollend in unsere Ganzheit zu integrieren. In die Selbstliebe gehört die Liebe zu unserem Körper, zu unseren Gefühlen, zu unseren Gedanken und zu unseren Empfindungen. Alles in uns will zunächst wahrgenommen und gewürdigt, geliebt und befriedet sein, damit unser gebender Klang heilvoll andere und anderes berührt. JA, ICH BIN DER DIR DIENENDE. – Nur aus dieser Haltung heraus können wir auch Dienende für die Welt werden.

Das DEIN ist Mein. Im dienenden DEIN können wir eine bewusstere Einsicht in unsere Teilhabe an der Einheit gewinnen. Das Mantra DEIN ist ein sich gegenseitig durchdringender unitiver Einklang. Wir sind DEIN. Aus unserer Perspektive sprechen wir: »Ja – allumfassende heilige Einheit, dir gehöre ich an, zu dir bekenne ich mich mit meiner inneren Ausrichtung, mit diesem Wort DEIN und seiner Kraft.« Gleichzeitig können wir hören, wie uns das göttliche Geheimnis mit dem Klang der Liebe anspricht: »ICH BIN DEIN. Ja, Du bist mein geliebtes ewiges Kind, mein Ebenbild, mein Werkzeug der Liebe in Zeit und Raum. Dich umfange ich ›von allen Seiten und halte meine Hand über dir‹ (vgl. Psalm 139,5). Ich gebe mich Dir ganz hin. Du bist der Ausdruck meiner allumfassenden Liebe. Alles, was MEIN ist, das ist Dein.« So kann ich als Mensch erkennen, dass alles, was ist, alles, was mein ist – DEIN ist. Dieses »Meine« ist ungetrennt von dem Einen. Mein und DEIN berühren sich ineinander und lassen das Eine transparent aufscheinen. Diese Einheitserfahrung beschrieb der englische Poet Thomas Traherne vor über vierhundert Jahren: »Die Straßen waren mein, der Tempel war mein, ebenso Sonne, Mond und Sterne, und die ganze Welt war mein, und ich war der Einzige, der sie betrachtete und genoss. Ich kannte keinen knauserigen Besitz, keine Grenzen noch Trennungen; alle Besitztümer und alles Abgetrennte waren mein, alle Schätze und ihre Besitzer. Sodass ich mit viel Getue korrumpiert und veranlasst wurde, die schmutzigen Kunstfertigkeiten dieser Welt zu erlernen, die ich nun wieder verlerne und gleichsam wieder zum kleinen Kind werde, damit ich in das Reich Gottes eingehen kann.« (In Ken Wilber, *Wege zum Selbst)*

5. Kapitel
Von der Verwandlung der Welt

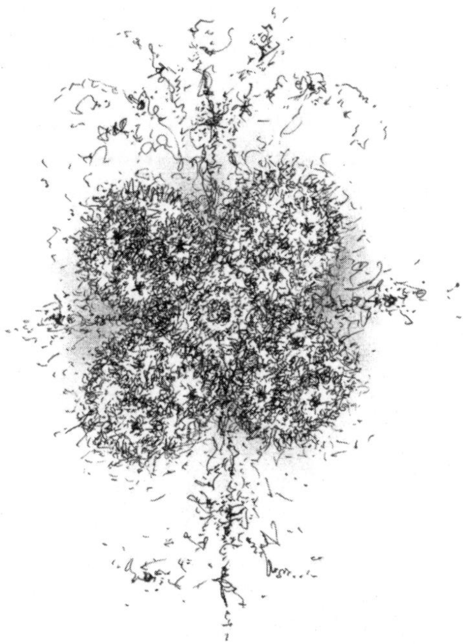

Wie der, der euch berufen hat,
heilig ist, sollt auch ihr heilig sein.
(1. Petrus 1,15)

Die Heiligkeit des Alltags

Dieser letzte Abschnitt möchte ein Ausblick sein und an die Welt-Verantwortung erinnern, in die wir unser erwachendes Bewusstsein hineinführen können. Ich werde versuchen, die Frage zu beantworten, welche Verantwortung das erwachende Bewusstsein übernehmen kann. Es erscheint mir ein notwendiges Anliegen dieser Zeit zu sein, das JA-ICH-BIN-DEIN-Bewusstsein in einen alles integrierenden Sinnzusammenhang zu stellen, der in alltägliches, neues und heilsames Handeln führen kann. Nachhaltig und wahrhaftig und in aller Freiheit – denn ohne diese Freiheit ist ein wahrhaftiges Zeugnis über die Existenz unserer innewohnenden Heiligkeit nicht möglich. Nur frei von der bedrückenden Zwanghaftigkeit eines vermeintlich moralisch guten und richtigen Handelns in der Welt, nur frei von der Angst, etwas richtig oder falsch zu machen, und nur frei von der Verstrickung, die durch die Machtansprüche des Täter-Opfer Kreislaufes entstehen, können wir aus der Erfahrung unseres Heiligseins in liebevoller Resonanz zu der uns umgebenden Schöpfung und zu den uns umgebenden Menschen in Beziehung treten. Erst dieses Frei-Sein, diese Freiwilligkeit vermag unserem Handeln eine Tiefe und Beständigkeit zu verleihen, die nachhaltig den Paradigmenwechsel, den Transformationsprozess in uns und in der Welt vollbringen kann.

Erst aus der vom Zwang befreiten Tat, die aus innerster Erkenntnis vollzogen wird, kann die wahrhaftige Bezeugung des Göttlichen im Alltag authentisch wirksam werden. Der Alltag ist dabei nicht das trennende Gegenüber zum Heiligen, sondern der Alltag *ist* ein Aspekt des Heiligen und als solcher ungetrennter Ausdruck der heiligen Einheit. Der Alltag ist das Instrument und der Resonanzkörper der einen göttlichen Liebe, die sich evolutionär entfaltend in der Welt manifestiert. Die Mensch gewordene

Gestalt Gottes in der Erscheinung des Christus ist der Beginn des *bewussten* Vollzuges der *theosis* eines jeden Menschen. Einer Schöpfung, deren wahre Natur die Göttlichkeit bereits ist. Zu diesem bestehenden Vergöttlicht-Sein können wir ewig neu erwachen. Die Materie ist das ungetrennte und ausdrückliche Instrument und Sein des Heiligen. Ja, Gott ist dieses Instrument, Gott spielt auf ihm und Gott drückt sich auf diesem eingeheiligten Klang- und Resonanzkörper vollkommen aus. Jetzt und jetzt und jetzt und noch mal jetzt. Sein Wunderwirken geschieht. An uns, den Heiligen. In uns, den irdisch Einmaligen, und durch uns, den himmlisch Ungetrennten. In seiner unendlich erklingenden Soundfülle und zahllosen Formenvielfalt, bezeugt unsere materielle Wirklichkeit das eine Sein und kann dafür immer durchlässiger werden. Herabsteigende und aufsteigende Kraft, die sich in unserem und dem Herzen der Weltseele verströmend vereinigt.

Der Mensch hat nicht nur die Kapazitäten und Ressourcen, sondern er ist geradezu verpflichtet und aufgefordert, sein ursprüngliches Wesen zu erkennen, zu leben und zu bezeugen. Dieses verantwortungsbewusste Gotteserinnern, das kollektive Erwachen der Christusnatur in jedem Menschen führt von selbst zu dem Grundsatz der benediktinischen Regel, die die Einheit von Beten und Arbeiten beinhaltet (*ora et labora*). Nicht in ein Nacheinander, sondern zu einem Ineinander von Profanem und Heiligem. Arbeit ist Gebet und das Alltägliche ist das ganz in der Welt anwesend seiende Heilige. Das *labora* kann sich in dem immerwährenden *ora* des Herzensgebetes vollkommen verwirklichen. Vielfältig und im Kleinen beginnend, kann ich den inneren Wandel im Außen bezeugen. Dieser Wandel wird zunächst am ehesten überprüfbar und sichtbar im aufrichtigen und offenherzigen Wahrnehmen meiner Gedanken, Gefühle und Empfindungen. Er zeigt sich unverhüllt in der Art und Weise des Umgangs mit mir selber und meinen

Nächsten. Sei es in dem Beziehungssystem meiner Familie oder in den routinierten Abläufen bei meiner Arbeit. Sei es im Stau des morgendlichen Straßenverkehrs oder beim Warten in der Schlange im Supermarkt. Sei es beim Zähneputzen oder wenn ich von einem langen Tag nach Hause komme und zu erschöpft bin, um noch irgendetwas zu tun, und mich einfach ein paar Stunden vor den Fernseher setze. Sei es bei meinem Engagement für eine gerechtere Welt in einem Netzwerk, das sich für das Grundeinkommen einsetzt, oder sei es in der ehrenamtlichen Mithilfe bei der Austeilung von Essen an Hartz-IV-Empfänger. Sei es als Musiker auf der Bühne in einem Rockkonzert oder sei es im ekstatischen Tanz eines Fans im Zuschauerraum in der letzten Reihe. – In jeder Regung des Lebens kann ich diesen Hauch des ungewöhnlich Gewöhnlichen wahrnehmen und mich von ihm beleben lassen.

Es geht um nichts: Alles ist umsonst

Als ein Erstes und Wichtiges die ernüchternde Feststellung: Es gibt keinen Sinn, kein Warum und es gibt kein Wozu. Die Tätigkeit an sich; die Wahrnehmung des Absoluten und Lebendigen in seiner leeren Fülle, mit seiner einzigartigen Vielfalt und in seiner unvergänglichen Vergänglichkeit mag Grund genug sein und genügen. Über die Wahrnehmung des Heiligen geschieht die Bewusstwerdung. Und über die Bewusstwerdung geschieht die Erinnerung an unsere noch niemals verloren gegangene Heiligkeit. Wenn wir im Gebet sind, zu Gebet werden und unser Bewusstsein auf das JA, ICH BIN DEIN ausrichten, geschieht die Klärung, Wandlung und Vereinigung unseres kleinen Ich-bin-Bewusstseins mit dem großen ICH-BIN-Bewusstsein des einen GEISTES. Das JA-ICH-BIN-DEIN-Bewusstsein ist unser Erwachen zu einer neuen inneren Gestimmtheit und geschieht als eine aufregende Reise in Raum und Zeit, auf der wir für die verborgene Seite unseres Menschseins durchlässig werden. Und ob es nun ICH-BIN-Bewusstsein, transluzentes Bewusstsein, diaphanes Bewusstsein, Licht-Materie-Bewusstsein, Bewusstsein der heiligen Einheit, Christusbewusstsein, verwirklichtes humanes Bewusstsein – oder wie auch immer heißt: Das erwachte Bewusstsein ist bereits, als ein sich vollziehendes betendes Geschehen, Sinn genug, um jede Erfahrung des Alltags in einem erweiterten Zusammenhang wahrnehmen und einordnen zu können. Das ist der erweiterte Herzensklang in unserem Bewusstsein. Im Erleben des Lebens an sich können wir unser Leben als erfüllt und vollendet erfahren.

Wenn wir unser Sein von Atemzug zu Atemzug, von Augenblick zu Augenblick, von Erfahrung zu Erfahrung, von Dialog zu Dialog, von Beziehung zu Beziehung immer tiefer/höher und weiter/näher erspüren und darin die heilige Einheit und den Sinn unseres ganzen Lebens erkennen, reicht dieses vollkommen aus. Nichts braucht verbessert oder hinzugefügt zu werden. Alles ist perfekt, so, wie es jetzt da ist und sich ewig neu entfaltet. Einatmend und ausatmend leben, atmen und lieben wir – getragen von dem Rhythmus der ursprünglichen gegenwärtigen Liebe. Die Ursprungsgegenwart verbindet die Berührungen der Vergangenheit mit den Begegnungen der Zukunft. Von Erfahrung zu Erfahrung zu Erfahrung treffen wir auf die Schönheit unseres Wesens und können im Glanz des Wahren erstrahlen.

Uranfänglich und grundlos öffnet sich uns die Torheit der Liebe und ruft uns zu: »Es ist alles umsonst! Bediene dich – nimm die eine Liebe in allem wahr, atme und lebe.« Ohne Aufsehen nehmen wir Anteil am wohlwollenden Guten, an der göttlichen Schönheit und am ewig Wahren. Überreichlich und verborgen wirkend, werden wir durch die heilige Einheit beschenkt. Das ist die eigentliche Gnade.

Im Hebräischen heißt Gnade *chen*. Dieses Wort *chen* ist Stamm des Wortes *umsonst – be-chanim*. So, wie das lateinische Wort *gratia*, Gnade, Stamm ist vom Wort *gratis*. Durch die Einsicht in den Ursprung der zusammenhängenden Schöpfung entfaltet die *umsonst* empfangene Gnade ihre ganze Kraft. Das allumfassende freizügige Universum begrüßt uns und durchdringt uns mit grenzenloser Kreativität und Vielfalt. Umsonst. Jede Zelle pulsiert, atmet in der vitalisierenden Erfahrung des einen Lebens. Umsonst. Im Sosein, so, wie wir jetzt sind, können wir das heilige Spiel des unwandelbaren Wandels erspüren. Gerechtfertigt als Mensch, nur weil wir einfach da sind.

In der Offenbarung des Johannes findet dieses Geschenk der gnadenhaften Fülle seinen vollkommenen Ausdruck. »Ich bin das A und das O, der Anfang und das Ende. Ich will dem Durstigen geben von der Quelle des lebendigen Wassers – umsonst!« (Offenbarung 21,6) Es ist das gleiche Lebenswasser, von dem Jesus Christus zu der Frau am Brunnen spricht. »... wer aber von dem Wasser trinken wird, das ich ihm gebe, den wird in Ewigkeit nicht dürsten, sondern das Wasser, das ich ihm geben werde, das wird in ihm eine Quelle des Wassers werden, das in das ewige Leben quillt.« (Johannes 4,14)

Die horizontale raumzeitliche Erfahrung, in der wir uns als wahrer Mensch in unserem Leib und in unseren Handlungen erspüren, »kreuzigt« im Jetzt der Gegenwart den Augenblick, in dem das vertikale, von unten heraufströmende sich Sein mit dem von oben herabfließenden Sein vereinigt. Diese sprudelnde Quelle ist das ewige Leben – die Erfahrung unseres ganzen Menschseins. Das Zusammentreffen des Ursprungs in der Gegenwart ist die Quintessenz jeder Zeit und jeden Raumes und katapultiert uns in das Jetzt, in das JA-ICH-BIN-DEIN-Bewusstsein; in die wahre Natur unseres Licht-Materie-Seins. Nichts, was wir wahrnehmen, erfahren, erkennen, erspüren oder erträumen, kann davon unberührt bleiben. Alles Werdesein findet darin seinen Ort, seine Zeit und seinen Sinn. Jede Wahrnehmung kann in diesem gleich-gültigen Lebensstrom ihren vorbestimmten Platz finden und wohlwollend integriert werden. Jeder Stein, jede Pflanze, jedes Tier und jeder Mensch ist darin hinein vernetzt. Jeder Geist, jede Engelskraft und jede menschliche Bewusstseinsregung findet darin seinen und ihren Sitz im vielfältigen Leben, das eins ist. Erlauschend halten wir inne und verschweigen still. »Ich höre den Klang Gottes, wie er sich an mir offenbart. JA, ICH BIN DEIN, flüstert das Wunder des Lebens mir zu. Lass dich berühren vom Klang meiner Liebe.« Diese Erkenntnis kann der Grundschlüssel für unsere innere Dankbarkeit und Freude an der Entfaltung der Schöpfung sein. Unbefohlen und unverordnet kann sich der Sinn für die einzigartige Schönheit finden, die im Wahren erscheint. Sich selbst antwortend, ergießt sich überfließende Dankbarkeit zurück in die sich ausstrahlende Schöpfung. JA, ICH BIN DEIN. Wir als Menschen sind befähigt zu danken und diesen Dank der Schöpfung in unserem Lobpreis Gott darzubringen. JA, ICH BIN DEIN. Wir sind in diesem Bedürfnis zu danken in ein priesterliches Tun hinein befähigt und können so unsere Achtung und Bewusstheit gegenüber der Schönheit ausdrücken. JA, ICH BIN DEIN. Dieses priesterliche Wirken hat der Bischof Leontius von Neapolis vor einigen Jahrhunderten so beschrieben: »Durch Himmel und Erde und Meer, durch Wald und Stein, durch die sichtbare und unsichtbare Schöpfung bringe ich dem Schöpfer und Herrn und Verfertiger aller Dinge Verehrung dar. Denn die Schöpfung ehrt den Schöpfer nicht unmittelbar und durch sich selbst, sondern durch mich. Durch mich künden die Himmel von der Herrlichkeit Gottes, durch mich betet der Mond zu Ihm, verherrlichen Ihn die Sterne, die Wasser, die Regenfluten und der Tau, ehrt und verherrlicht Ihn alle Schöpfung.« Diese Momente des Glücks und des Erwachens können uns stärken, uns sensibilisieren und uns empfänglich für das Wunderbare in der Schöpfung machen, so gut, wie es uns jetzt möglich ist.

Es geht um alles: die Fülle des Lebens

Wer um eine wahrhafte Wahrnehmung des Lebens ringt, ist mitunter versucht, sich vor Geschehnissen der Welt zurückzuziehen, um von ihr abgeschottet und isoliert eine egozentrische Selbstbeweihräucherung zu zelebrieren. Mein Lehrer Franz benennt diese menschlich verbreitete Sehnsuchtskrankheit, sich als Heilige von der unheiligen Welt zu trennen, »Taboritis«. Die auf dem heiligen Berg in Erleuchtung verweilen wollen, sind mit dieser »Krankheit« infiziert. Es ist das Festhalten-Wollen der Verklärung (vgl. Markus 9,2–13; Matthäus 17,1–13; Lukas 9,28–36), die auf dem Berg Tabor geschah. Doch damit wird jede spirituelle Entwicklung verhindert. Das Wesen der Erleuchtung in Raum und Zeit ist dynamisch, beweglich und prozesshaft, so wie es darüber hinausgehend unveränderlich, unbeweglich, absolut und in sich ruhend ist. Der Wunsch, in der Erleuchtung und Verklärung zu verweilen, ist vielleicht die größte Gefahr in unserem Umwandlungsprozess. Echte Wandlung und Erfahrung wandern vom Gipfel wieder zurück ins Tal und schließen das uns Umgebende mit ein und treten in Beziehung zu den Nächsten, zur Welt, zu Gott und zu Raum und Zeit. Im Scheitern und im Wiederaufstehen erfahren wir die unvollkommene Vollkommenheit des Lebens.

Auch wenn es Zeiten geben mag, die es notwendig machen, uns ganz und gar aus dem Trubel und dem Rhythmus der Welt zurückzuziehen. In unserem Vernetztsein mit allen Wesen und allem Sein erkennen wir nicht nur die Verantwortung für die Erhaltung und Wertschätzung unseres eigenen Seins, sondern gleichzeitig auch unsere Verantwortung für die Welt und die Gesellschaft, in und mit der wir leben. Die Welt ist in ihrem Wachsen und Werden ein Teil von uns, und wir sind mitverantwortlich, Teilhabende und Mitgestaltende dieses erfüllten Marktplatzes zu sein. Vielleicht ist es schon ausreichend, authentisch in dem zu sein, was ich bin, und dadurch etwas von der erfahrenen Einsicht und Wahrheit vorzuleben. So können wir unser ganzes Sein sichtbar in den Prozess der Einheiligung – der »Resakralisierung« von Raum und Zeit – mit einbringen. Die tief in uns wirkende universale Liebe verbindet sich mit unserer menschlichen Sehnsucht, alles Leidvolle in diese Gotteserfahrung hineinzuverwandeln. Ohne die Verbundenheit mit dem Ganzen zu vergessen, können wir so auf dem Boden und in dieser Weltraumzeit verwurzelt bleiben.

Indem wir an unsere nächste Umgebung Liebe verschenken, übernehmen wir eine wichtige Funktion. Wir teilen als Teil des Ganzen dem Ganzen unsere Teilhabe mit. Wir sind der unitive Einklang – JA, ICH BIN DEIN –, und wir wissen, dass der Schmetterlingsflügelschlag unseres Gebets einen Sturmwind im Universum in Gang setzen kann. Für uns ist der Schmetterlingsflügelschlag vielleicht eher im kleinsten Umfeld unserer Familie und in unseren engsten Beziehungen deutlich spürbar. Und dennoch, auch wenn wir es jetzt vielleicht noch nicht wahrnehmen können, unser Tun hat Auswirkungen auf die Welt. Die Weitergabe des innerlich Eingesehenen geschieht aus innerer Erkenntnis und entspricht unserem freien Willen. Meister Eckhart sagt: »Manch einfältige Menschen wähnen, Gott sei hier und ich dort. Dem ist nicht so. Gott und ich sind eins. Gott wirkt, und ich werde. Das Wirken aber und das Werden ist eins.«

Fern aller Verpflichtung erwacht aus dieser Erkenntnis unser Bedürfnis zum Dienen und zum Geben. In diesem Fortschritt des Bewusstseins keimt der allmähliche Weltuntergang eines nicht mehr tragfähigen Bewusstseins und die dramatische Geburt eines die neue Erde erschaffenden spirituellen Bewusstseins. Es reicht nicht aus, eine Teilreformation in einzelnen Bereichen voranzutreiben, die nur ein Wiederbelebungsversuch des Alten sein kann. Eine gänzliche Neueinstellung ist gefragt. In der Tiefe; umfänglich und gründlich. Das sprunghafte Wachsen eines evolutionären inneren und äußeren Lebenszusammenhanges ist dabei der hoffnungsvolle Durchbruch, während sich in den scheinbar zu langsam vorangehenden Bemühungen die Mutlosigkeit manchmal Bahn bricht.

Jean Gebser schrieb in seinem Buch »Ursprung und Gegenwart« vor über 50 Jahren visionär, prophetisch fast: »Eine Überwindung des jetzigen Zustandes der Welt, die wahrscheinlich ihren rationalistischen und technokratischen Höhepunkt bald erreichen wird, kann weder durch die Ratio noch durch die Technokratie, aber ebenso wenig durch ein Predigen und Mahnen zu Ethos und Moral oder durch irgendwie geartetes Zurück geschehen.« Und: »Je todeswütiger sich die Äußerungen unserer zu Ende gehenden Übergangsepoche zu erkennen geben, desto lebenskräftiger werden weltverändernd die neuen in Erscheinung treten. Jeder von uns ist heute, ein jeder auf seine Weise und gleichgültig, wo er sich befindet, nicht nur Zeuge, sondern wir alle sind auch Werkzeuge dessen, was Wirklichkeit wird.« (Jean Gebser, *Ursprung und Gegenwart)*

Für uns, die wir den Weg des Herzensgebetes gehen, bedeutet das: Wir stellen uns den erstarrten, negativen und zerstörerischen Kräften in uns und um uns, versuchen sie zu integrieren und verwenden unsere Lebensenergie darauf, in uns die starken, kraftvoll nach oben drängenden lebendigen Keime des neuen Bewusstseins und der neuen Zeit zu stärken und sie voranzubringen.

Die vergehende alte Welt und das in sich zusammenfallende alte und »überblühte« Bewusstsein bilden den Humus für die kommenden Rosen der neuen Welt. Unsere einzige und notwendigste Aufgabe ist es, dieses Wirken des Neuen in seinen Aufbrüchen, die im Verborgenen und im Offensichtlichen geschehen, wahrzunehmen, zu fördern und wohlwollend und integrierend mit unserem Leben zu verbinden. Alleine durch unser authentisches Sosein leisten wir einen wesentlichen Beitrag zu der Geburt der neuen Erde – die im Verborgenen des JA-ICH-BIN-DEIN-Bewusstseins erwacht. Aus der Krypta unseres Herzens – dem Allerheiligsten – wirkt unser neues Sein ausstrahlend in die Welt zurück. Dort in dieser Tiefendimension unseres Menschseins erinnern und wiederholen wir immer wieder unseren Wandlungs- und Erneuerungsklang: JA, ICH BIN DEIN. JA, ICH BIN DEIN. JA, ICH BIN DEIN.

Das Herzensgebet JA, ICH BIN DEIN kann gedacht, gesprochen, gesungen oder geformt werden. Unser Gebet ist in diesem Kreislauf von Geist zu Materie und Materie zu Geist heilsamer Multiplikator und Verstärker der Kraft Gottes. »Auskristallisation des Unsichtbaren im Sichtbaren.« (Jean Gebser) Das Gebet des Herzens möchte Spuren legen, die zur Erkenntnis eines universalen und zeitlosen Christusbewusstseins führen können. Die christliche Tradition bildet dabei den Nährboden für diese Neuausrichtung.

Das kosmische Christusbewusstsein ist in ihr das bedeutsamste trinitarisch wirkende Geheimnis, das es sichtbar zu machen gilt. Die Klangformel JA, ICH BIN DEIN unterstützt den längst stattfindenden Paradigmenwechsel und kann für den notwendigen Bewusstseinswandlungsprozess im Christentum ein wichtiger Schlüssel sein, der uns an unsere ursprüngliche natürliche Heiligkeit erinnern möchte. In diesem Freilegungsprozess gewinnt unsere christlich geprägte Religiosität eine neue, kraftvolle und vertiefende Bedeutung zurück. Er erinnert uns an das wahrhaftige Wirken des einen Gottes, im Erkennen des Christusbewusstseins in jedem und jeder.

Das Herzensgebet JA, ICH BIN DEIN verweist auf das innewohnende Potenzial unseres Bewusstseins, um es für einen notwendigen und erweiterten Christusbegriff zu öffnen. Dieser erweiterte Christusbegriff verwandelt unser Sein, das Sein der Welt und unser Gottesbild. Der Christusgeist ist einzigartig und ungetrennt, sich ewig entfaltend – absolut und relativ im Jetzt des gegenwärtigen Gottes verankert.

In unserer abendländischen Kultur existiert ein weit reichendes Kraftfeld für die archetypischen Bilder und Symbole des Christentums. Diese Symbole mit ihren dahinterliegenden Wirklichkeiten sind meist einfach zu verstehen. Ohne große Mühe können wir uns mit diesen Energien wieder verbinden. In dieser Ausrichtung erinnern wir vielleicht Begriffe und Denkweisen, Bilder und Symbole, die unsere ursprüngliche Heimat sind. Sie werden uns vertraut und verständlich vorkommen. Es sind unsere christlichen Wurzeln, durch die wir das »Wasser des Lebens« in uns hineintrinken können. Wenn wir durstig sind und von dieser Quelle trinken, bleiben wir verwurzelt in dem Boden unseres Heimat-Alltages. Hier begegnen wir dem Mysterium, das »auf dem Hauptbahnhof stattfindet« – wie es der Künstler und Visionär Joseph Beuys sagte, der zeitlebens an der Erweckung des in jedem Menschen befindlichen inneren Christusgeistes mitgewirkt hat. Beuys hat den Menschen in seinem freien Ausdruck als gleichzeitig ewiges Kunstwerk und ewigen Künstler, der geschaffen wurde und erschafft, erkannt und bezeugt. Sein begonnenes Werk atmet immer noch weiter. Erleuchtung findet auf dem integralen Hauptbahnhof unseres Alltages statt. Sein erweiterter Kunstbegriff ist ein Baustein zu dem hier dargelegten erweiterten Christusbegriff, der ein erweiterter Herzenseinklang ist. Erleuchtung findet als unser mantrisches Gebet statt. Erleuchtung offenbart sich als unsere tanzende Bewegung. Erleuchtung erschafft unsere Offenheit und Wärme. Erleuchtung umfängt uns mit ihrer mütterlichen Geborgenheit. Erleuchtung ist unser Leben. Göttlichkeit ist unser natürliches Sein. In unserem Durchlichtetsein werden wir empfänglich für die Geburt des neuen Menschen in uns. In dieser Bedeutungstiefe sind alle Menschen Künstler. Unser wirkliches Menschsein ist Künstlersein, ist Gebet. Nur wenn wir aufgewacht und klar sind, können wir diesem inneren Ruf folgen: JA, ICH BIN DEIN.

Ausblick

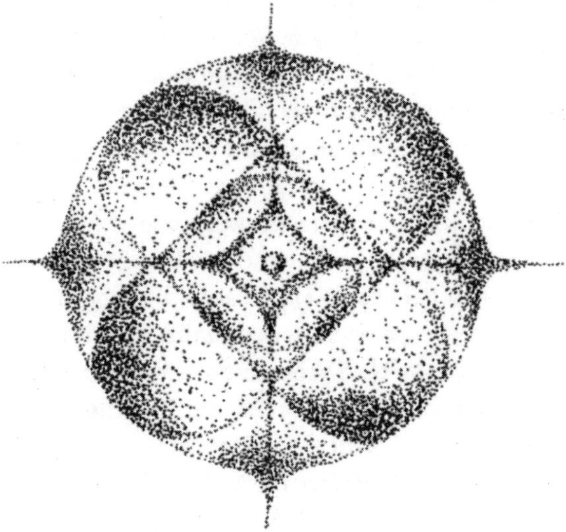

In meiner Arbeit mit Menschen, die aufgrund ihrer Erfahrung und Verstrickung mit Suchtmitteln in einer schweren Lebenskrise stecken, aber noch nicht bereit sind, sich von ihrer Sucht zu befreien, benutze ich manchmal ein Bild. Ich lege in die Mitte des Tisches ein kleines Geldstück. Dann stoße ich diesen »Groschen« ein wenig in Richtung Tischkante an. Mit jedem neuen Anstoß bewegt sich die Münze langsam in Richtung Rand. Jeden Anstoß kommentiere ich: »Hier wurdest du geboren. Da verlorst du zum ersten Mal das Vertrauen in deine Eltern. Das war deine erste Erfahrung mit einem Rausch. Hier erlebtest du das erste Mal ein Bewusstsein für Kontrollverlust. Da hast du deine Frau kennen gelernt. Hier wurden deine Kinder geboren. Jetzt trennt sich deine Frau von dir. Hier bist du arbeitslos geworden. Dort sitzt du einfach ein paar Jahre rum und tust gar nichts. Da ist dein von dir wenig geliebter Vater verstorben. Jetzt bist du in deiner zweiten Entgiftung. Hier betrachtest du die Schönheit der Blumen. Da bist du im Suff deinen Führerschein losgeworden. Jetzt beginnst du die Projektionen deiner Mutter mitfühlend zu verstehen. Nun sitzen wir in diesem Raum und reden gerade über dein Erleben und die Möglichkeiten, die für deine Genesung förderlich sind.«

Jedes Ereignis, jede Begegnung, jede Erfahrung ist ein notwendiger Impuls und stößt das Geldstück ein kleines Stück weiter in Richtung Tischkante. Es gibt nichts zu verurteilen oder zu bewerten. Jede Erfahrung hat ihre Richtigkeit und hält eine tiefe Sehnsucht lebendig, mit der ich den Wahrheiten meines Lebens auf die Spur kommen kann. Und irgendwann »fällt der Groschen« vom Tisch. Wer weiß schon, warum, wann oder wodurch? Welches war das auslösende letzte Ereignis? Woher kam die Einsicht? Wohin führt die Erkenntnis? – Jeder Schritt ist gleich wichtig, und darum ist es völlig unbedeutend, welcher Impuls genau den Groschen hat fallen lassen. Meistens dauert es etwas länger.

Auch dieses Buch möchte im Grunde nur ein Angebot sein, damit »der Groschen« vielleicht irgendwann einmal fällt. Hin zu einem neuen Grund, von dem aus der Groschen erneut fällt und es wieder weitergeht: zu einem neuen Grund, zu einer neuen Wandlung, zu weiteren Impulsen. Abwärts in eine höher liegende Tiefe und aufwärts zu einer tiefer liegenden Höhe. So können wir Teilhabende einer Welt sein, in der das Ankommen und das Losgehen Ausdruck des gleichen Ursprungs sind. Wenn wir uns davon berühren lassen, kann uns auf diesem ankommend-losgehenden Herzensweg das menschliche Antlitz Gottes plötzlich ganz nahe kommen. In seinen vielen Gesichtern kann uns dieser Gott den vereinigenden Klang des Herzens enthüllen und uns ein erneuertes Leben schenken. Ein Leben, in dem das Herz Gottes das Herz des Menschen ist.

DIE KLANGGESTALT
EINFACHER SCHÖNHEIT
IM GEBET DES HERZENS
IST DER GLANZ DES WAHREN
IM BERGENDEN STILLERAUM
DES EWIGEN

Dank

Zuallererst möchte ich meiner Frau meinen tief empfundenen Dank aussprechen. Sie hat mit ihrer wohlwollenden Verbundenheit und Geduld die Entstehung dieses Textes von Anfang an mit offenem Herzen begleitet und ist mir eine wertvolle Begleiterin in allen Prozessen, die dieses Buch hervorbrachte.

Meinen Eltern gegenüber empfinde ich große Dankbarkeit. Sie ließen mich in einer Atmosphäre heranwachsen, in der ich mit menschenliebender Offenheit und in tiefem Vertrauen das Über-die-Welt-Hinausweisende als das Ganz-in-der-Welt-anwesend-Seiende erfahren habe.

Dankbar bin ich meinem spirituellen Lehrer und Begleiter Franz-Xaver Jans-Scheidegger. Er hat mich mit ermutigender Güte durch viele Höhen und Tiefen meines Weges geführt und liebevoll reifen lassen.

Auch den anderen beiden Referentinnen der Schulungsgruppe »Spuren der Weisheit«, Gabriele Siemers und Gisela Bryson, sei herzlich gedankt für ihre geistige Aufgeschlossenheit und langjährige Unterstützung meiner Ideen und Wegschritte.

Meiner ersten spirituellen Lehrerin Brigitta Adelheid Müller bleibe ich in tiefem Dank verbunden. Sie hat mich mit einem spirituellen Fundament beschenkt, das mir einen Raum öffnete, in dem ich mit der mystischen Dimension von Maria und Christus in Berührung kommen konnte.

Johannes und Wiltrud Münderlein haben mich zu ihr nach Petit Moulin »gelockt«. Auch ihnen hier von Herzen zu danken ist mir ein inneres Anliegen. Sie haben mich in vielen Jahren auf vielerlei Weise wundervoll unterstützt und begleitet.

Vielen Dank an Ursula Richard, die in einem entscheidenden Moment bei der Entwicklung dieses Buches mit ihrer freundlichen Ermutigung und einfühlsamen Unterstützung die Umsetzung ein großes Stück vorangebracht hat.

Auch Paul Stammeier möchte ich für seine wertvollen Rückmeldungen und die geistvollen und inspirierend integral/buddhistischen Gespräche danken!

Immer wieder war mir mein Freund Jens Hering in den letzten Jahren ein willkommener Gesprächspartner und ein vertrautes und hilfreiches Gegenüber. Auch ihm gilt meine Dankbarkeit und Wertschätzung.

In meinem Arbeitsfeld im Lukas Suchthilfezentrum Hamburg-West konnte ich in den letzten Jahren verschiedene spirituelle Angebote entwickeln und durchführen. Dafür bin ich sehr dankbar, und die Arbeit mit den KlientInnen hat mich reich beschenkt. Im Besonderen möchte ich dort meinen Dank an den Leiter dieser Einrichtung Frank Craemer richten, der mir in mancher Weise ein bewundernswertes Vorbild ist.

Besonders und von Herzen gern möchte ich hier meine Lektorin im Kreuz Verlag Evamaria Bohle erwähnen und würdigen. Mit ihrer einfühlsamen und hochengagierten Begleitung hat sie maßgeblich dazu beigetragen, dass das Buch in dieser Gestalt sichtbar werden konnte. Danke.

Alle Teilnehmerinnen und Teilnehmer in den Seminaren und Gruppen waren mir in den vergangenen Jahren die besten Lehrmeisterinnen und Lehrmeister. Mit ihnen fühle ich mich sehr verbunden und an sie ein herzlicher Dank für alle Resonanz und Unterstützung!

Anhang

Herzensgebete – Anregungen

Ich bin dein Leben – Licht – Frieden – Heil – Weg – Hirte
Alles, was geschieht, geschieht aus deinem Willen
HERR Jesus Christus, erbarme dich meiner
Gott, umfange mich mit deiner Güte
Ich bin deine Tür – Wahrheit
Jehoschua oder Jeshua
Ich zu dir – du zu mir
Du in mir – ich in dir
Dein Wille geschehe
Ich bin deine Liebe
Ja, ich bin dein
Kyrie eleison
Ich bin dein
Maranatha
Ich bin da
Schalom
Christos
Adonai
Amen
Abba
Jesus
Dein
Du…

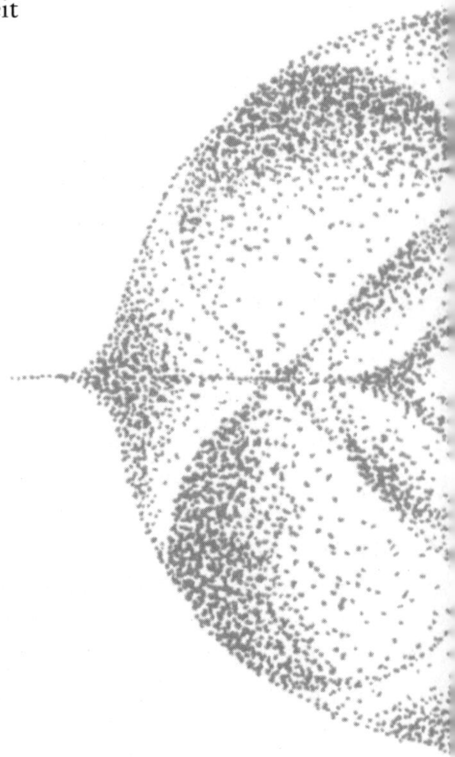

Unitive Einklänge – Anregungen

HEILUNG GESCHIEHT DURCH MICH
VON MIR ZU DIR – ZU MIR VON DIR
ICH BIN CHRISTUS, DEINE LIEBE
ALLES FLIESST DURCH MICH
DEIN WILLE GESCHEHE
DU BIST MEINE LIEBE
ICH BIN DEINE LIEBE
ICH BIN DEIN LICHT
ICH BIN DEIN WEG
GEBORGEN IN DIR
DU BIST FRIEDEN
JA, ICH BIN DEIN
ICH BIN LEBEN
DU BIST MEIN
DU BIST EINS
ICH BIN DA
JEHOSHUA
DA IN DIR
CHRISTUS
FRIEDEN
ICH BIN
LEBEN
LIEBE
DEIN
JA…

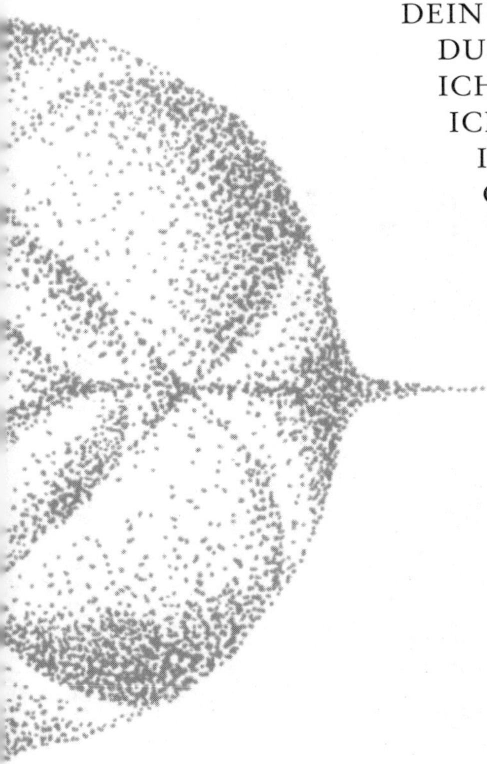

Die sich durchdringenden Herzkräfte im unitiven Einklang
Wort wird Fleisch
Agape
Involution
Bewegung zum Diesseitigen
Abstieg
Einfaltung
Kontraktion
Abwärts
Empfangend
Efflux
Gott wird Mensch
Einfluss des Geistigen
Mitgefühl/Liebe
Hingabe
in die Form
strebt zum Sichtbaren
in das Relative
in das Raumzeitliche
zum Werden
Immanenz
Erdwärts
Das Jetzt ist
das Herz der Gegenwart.
Als hochzeitliches Geschehen
erscheint die Liebe
im ICH BIN
als diaphane GOTTHEIT und
erklingt als unitiver Welturklang.
JA
ICH BIN
DEIN
Das Cord Christi erwacht
zu voller Autonomie
in das Ganz-Eine
IHRER und SEINER Heiligkeit.
Die allumfassende Herrschaft des Heiligen
wirkt durch das Christusherz
und durchlichtet das nichtduale integrale Bewusstsein
im WERDESEIN eines jeden heiligen Augenblicks.
Fleisch wird Wort
Eros
Evolution
Bewegung zum Jenseitigen
Aufstieg
Entfaltung
Expansion
Aufwärts
Sendend
Reflux
Mensch wird Gott
Rückfluss des Geistigen
Weisheit/Erkenntnis
Wahren
in die Leere
strebt in das Unsichtbare
zum Absoluten
zum Raumzeitfreien
zum Sein
Transzendenz
Himmelwärts
Siehe, ich mache alles neu!
Offb. 21,5

Literatur

Verzeichnis und Auswahl einiger Texte, die mich inspiriert, geweitet und geöffnet haben.

Tiefste Weisheitsquelle bleibt für mich die Bibel. In diesem Buch habe ich die *Lutherbibel* in der revidierten Fassung von 1984, durchgesehene Ausgabe in neuer Rechtschreibung, verwendet. © 1999 Deutsche Bibelgesellschaft, Stuttgart.

Des weiteren in alphabetischer Reihenfolge:

Ardagh, Arjuna: *Die lautlose Revolution*, Kamphausen, Bielefeld 2006

Adriani, Götz; Konnertz, Winfried; Thomas, Karin: *Joseph Beuys*, DuMont, Köln 1986

Azmayesh, Seyed M.: *Die Perle der Sufis*, Mehraby Verlag, Hannover 2008

Beuys, Joseph: *Jeder Mensch ist ein Künstler*, Ullstein, Frankfurt, Berlin, Wien 1975

Berendt, Joachim-Ernst: Das dritte Ohr, Traumzeit Verlag, Battweiler 2008

Bobert, Sabine: *Jesusgebet und neue Mystik*, Buchwerft Verlag, Kiel 2010

Boesch, Josua: *Morgendämmerung*, Noah Verlag, Oberegg 1999

Buber, Martin: *Ich und Du*, Philipp Reclam, Stuttgart 1995

Bunge, Gabriel: *Akedia*, Würzburg, Verlag der Christliche Osten, 2004

de Chardin, Teilhard: *Der göttliche Bereich*, Walter Verlag, Freiburg 1962

de Chardin, Teilhard: *Der Mensch im Kosmos*, C.H. Beck, München 1994

Dietzfelbinger, Konrad: *Apokryphe Evangelien aus Nag Hammadi*, Dingfelder Verlag, Andechs 1988

Dietz, Mathias: *Kleine Philokalie*, Benziger Verlag, Zürich 1989

Dürckheim, Karlfried Graf: *Mein Weg zur Mitte*, Herder, Freiburg 1985

Dürckheim, Karlfried Graf: *Der Alltag als Übung*, Hans Huber, Bern 1977

Dürckheim, Karlfried Graf: *Meditieren – wozu und wie*, Herder, Freiburg 1976

Dürckheim, Karlfried Graf: *Vom doppelten Ursprung*, Herder, Freiburg 1973

Dürr, Hans-Peter: *Warum es ums Ganze geht*, oekom Verlag, München 2009

Emoto, Masaru: *Messages from water*, Hado Publishing, Tokyo 2001
Feild, Reshad: *Jede Reise beginnt mit einer Frage*, Fischer Taschenbuch, Frankfurt am Main 1999
Feild, Reshad: *Die Alchemie des Herzens*, Aurum, Bielefeld 2004
Ferrini, Paul: *Denn Christus lebt in jedem von euch*, Aurum, Bielefeld 1994
Gebser, Jean: *Gesamtausgabe*, Band 1–5, Novalis, Schaffhausen 1986
Goettmann, Alphonse und Rachel: *In deinem Namen ist mein Leben*, Herder, Freiburg 1993
Griffiths, Bede: *Göttliche Gegenwart*, Otto Müller Verlag, Salzburg 2002
Griffiths, Bede: *Wege zum Christusbewusstsein*, Aquamarin, Grafing 1994
Grof, Stanislav: *Geburt, Tod und Transzendenz*, Kösel, München 1985
Gyger, Pia: *Maria – Tochter der Erde, Königin des Alls*, Kösel, München 2002
Horst, Hans Markus: *Kreuz und Christus – die religiöse Botschaft im Werk von Joseph Beuys*, Verlag Katholisches Bibelwerk, Stuttgart 1998
Harlan, Volker: *Was ist Kunst? Werkstattgespräch mit Joseph Beuys*, Urachhaus, Stuttgart 1986
Harvey, Andrew: *Der mystische Weg zu Christus*, Via Nova, Petersberg 2001
Huxley, Aldous: *Moksha*, Piper & Co, München 1977
Ilarion, Schimonach: *Auf den Bergen des Kaukasus*, Otto Müller Verlag, Salzburg 1991
Jans, Franz-Xaver: *Das Tor zur Rückseite des Herzens*, Vier Türme Verlag, Münsterschwarzach 1994
Jans, Franz-Xaver/Vonzun, Leta: *Tore zum Licht*, Kösel, München 1996
Jans, Franz-Xaver: *Worte geboren aus Schweigen*, Kösel, München 2002
Jungclaussen, Emmanuel (Hrsg.): *Aufrichtige Erzählungen eines russischen Pilgers*, Herder, Freiburg 1974
Jäger, Willigis: *Suche nach dem Sinn des Lebens*, Via Nova, Petersberg 1999
Jäger, Willigis: *Suche nach der Wahrheit*, Via Nova, Petersberg 1998
Jungclaussen, Emmanuel/Ware, Kallistos: *Hinführung zum Herzensgebet*, Herder, Freiburg 1982
Jungclaussen, Emmanuel: *Unterweisung im Herzensgebet*, EOS Verlag, St. Ottilien 1999
Jungclaussen, Emmanuel (Hrsg.): *Das Jesusgebet*, Friedrich Pustet, Regensburg 1994
Jalics, Franz: *Kontemplative Exerzitien*, Echter Verlag, Würzburg 1994

Katie, Byron: *Lieben, was ist*, Arkana, München 2002
Keating, Thomas: *Das Gebet der Sammlung*, Vier Türme Verlag, Münsterschwarzach 1998
Kentenich, Pater Josef: *Gott, mein Vater*, Schönstatt Verlag, Vallendar-Schönstatt 1970
Köster, Peter: *Die Übung des Herzensgebetes*, EOS Verlag, St. Ottilien 2007
Krishnamurti, Jiddu: *Liebe gleicht dem Duft der Rose*, Herder, Freiburg 2000
Küstenmacher, Marion; Haberer, Tilmann und Küstenmacher, Werner Tiki: *Gott 9.0*, Gütersloher Verlagshaus, Gütersloh 2011
Lafrance, Jean: *Das Herzensgebet*, Vier Türme Verlag, Münsterschwarzach 1988
MacDonald-Bayne, Murdo: *Göttliche Heilung von Leib und Seele*, Aurum, Braunschweig 1981
Mallasz, Gitta: *Die Antwort der Engel*, Daimon, Einsiedeln 1996
Marion, Jim: *Der Weg zum Christusbewusstsein*, Via Nova, Petersberg 2003
Massa, Willi (Hrsg.): *Wolke des Nichtwissens*, Herder, Freiburg 1999
Massa, Willi (Hrsg.): *Die Höhle des Herzens*, Butzon & Bercker, Kevelaer 1982
Maschwitz, Rüdiger: *Das Herzensgebet*, Kösel, München 1999
Maharai, Shri Nisargadatta: *ICH BIN*, Band 1–3, Kamphausen, Bielefeld 2001
McIntosh, Steve: *Integrales Bewusstsein und die Zukunft der Evolution*, Phänomen Verlag, Hamburg 2009
Meister Eckhart: *Deutsche Predigten*, Philipp Reclam, Stuttgart 2001
Mennekes, Friedhelm: *Beuys zu Christus*, Verlag Katholisches Bibelwerk, Stuttgart 1989
Merton, Thomas: *Der Berg der Sieben Stufen*, Patmos, Ostfildern 2000
Murphy, Michael: *Der Quantenmensch*, Verlag Integral, München 1994
Newhouse, A. Flower: *Christusbewusstsein*, Aquamarin, Grafing 2007
Osho: *Komm und folge … zu dir*, Osho International Foundation, Zürich 1992
Osho: *Das Thomas-Evangelium*, Arkana, München 2010
Ouspenksy, Pjotr Demjanowitsch: *Auf der Suche nach dem Wunderbaren*, Otto Wilhelm Barth Verlag, München 1982
Panikar, Raimond: *Das Göttliche in Allem*, Herder, Freiburg 2000
Philokalie der heiligen Väter der Nüchternheit, fünfbändige Gesamtausgabe, Verlag der christliche Osten, Würzburg 2004
Rosenberg, Alfons (Hrsg.): *Das Herzensgebet – Mystik und Yoga der Ostkirche*, Otto Wilhelm Barth Verlag, München 1955
Ravindra, Ravi: *Mystisches Christentum*, Fischer Taschenbuch, Frankfurt/Main 1996